[本書の目指すところ]

1　本書は，幼児期の望ましい音楽的表現を目指すことを希求しつつ，『幼稚園教育要領』
　　および『保育所保育指針』等の精神にそって編集した。幼稚園教員・保育士ならびにそ
　　の候補者である養成校学生のテキストとして用いることを第一のねらいとしている。保
　　育実践に当たる現場の先生方に利用いただけることも期待して構成してある。

2　そのため，「保育」という幼児教育の形態の理解の基礎に立って，幼児期という発達
　　上の特性についての考え方を示し，そうした指導の構想に役立つ20世紀を代表的する世
　　界の音楽教育の業績を紹介している。これらは，子どもの遊びを出発点とする創造的な
　　音楽指導の考え方である。

3　また，指導者に必要とされる基礎的な音楽理論，指導上の知識等も，実践に役立つこ
　　とを前提として取り上げている。「コードネームの基礎」は，基礎的な内容を系統立て
　　て示し，これからの保育において豊かなサウンドをねらったものである。「即興的な伴
　　奏法」は，理論的な理解の上に立って実践に生かされることをねらいとし，「打楽器の
　　基礎技能とその指導」では，現場で広く用いられる打（リズム）楽器について，保育者
　　の技能の研修と指導上のポイントなどを示している。

4　「教材曲集」では，今日，比較的スタンダードなものを選び，その原曲の和声やリズ
　　ム，曲の雰囲気を尊重しながら，初心者にも易しく弾けることを心がけて編曲した。ほ
　　とんどの曲にコードネームをつけて，ピアノだけでなく，ギターその他の楽器にも応用
　　できるようにしてある。

　　本書は，2008年に「幼稚園教育要領」が改訂告示されたことを受けて，内容を一新し，
以後2017年3月告示の教育要領を巻末の「Ⅴ.資料」に掲載するなどしている。平成元年
に文部省より新たに示された「幼稚園教育の基本」や新たな「領域」の考え方は，この間
に広く理解されるものとなったが，今回の改訂によって改められた部分については，本書
のⅠ-2．にこれを明記した。本書の記述の一部に，「幼稚園教育」の語を用いているが，
幼・保両者の教育内容は互いに緊密なものとされることが取決められているので，必要に
応じてその意味を理解されるよう，語句を置きかえて読み進めていただきたい。

改訂版 最新・幼児の音楽教育

幼児教育教員・保育士養成のための音楽的表現の指導

井口　太
水﨑　誠　編著

朝 日 出 版 社

も　く　じ

教材曲集　もくじ

教材曲集には，つぎのようなマークをつけた。これは，一応の“めやす”としたもので，固定的なものではない。教材を選択するときの参考にしてほしい。

- 季　節（季節の自然）：季節の移りかわり，自然のようすをうたったもの。
- 動　物（動物・虫など）：動物が登場するもの。
- 夢　（ストーリー・夢のあるもの）：歌詞に夢やストーリーのあるもの。
- 遊　び（わらべうた遊び・ことば遊び）：ことばのおもしろさ，替え歌の楽しいもの。

動　き（体の動き・手遊びなど）：手遊びやジャンケン，体の動きの楽しいもの。

行　事（季節の行事）：特定の行事にかかわるもの。

楽　器（楽器の歌・楽器の活動）：楽器名や，その活動をともなってうたえるもの。

乗り物：乗り物の登場するもの。

I　幼児教育と音楽教育

1　保育とはどういう営みか

（1）　保育ということばの意味

　一般に保育ということばを聞くと，何を想像するであろうか。まず思いつくのは保育所とか保育園という名前と実際の姿であろう。とすれば，保育というのは，赤ちゃんや小さな子どもをあずかって面倒をみることだという程度の理解はあるだろう。しかし，この保育ということばが幼児教育ということばにもいいかえられるということを知る人は多くない。ところが幼児教育というと，幼稚園で行われる教育のことだと限定してとらえられがちである。しかし，幼稚園と保育所は，制度面では多くの異なる点はあっても，集団の中で子どもの発達を援助するところであるという点では共通しているのである。

　このように，保育ということばと，幼児教育ということばとは，まったく異なるイメージで受け取られやすいけれども，その本質が同じだということは十分に知られてはいないのである。ただ幼児教育ということばと保育ということばを比較すると，前者は，幼児を対象とした教育という程度の意味であるが，後者は，その幼児教育の中味の特質を物語ることばとなっている点が違うのである。

　そこで，保育ということばの成立を考えてみよう。

　保育とは，保護と教育（養育）という二つのことばが結びついてできているといわれる。保護とは子どもの生命の安全を守り，かつその子どもを教育する，あるいは養い育てるという意味である。一般に教育ということばを聞くと，学校というイメージが強いのではないだろうか。学校で先生が教えてくれること，それが教育だと考えられがちである。しかし，その意味でいえば，幼児期の幼稚園や保育所は学校ではない。幼稚園も保育所も義務教育機関ではないし，先生が何かを教えてくれるということが，主な教育機能ではない。

　ところが，保育所はともかく，幼稚園を小学校と同じように考えている人も少なくない。勉強のための幼児教室といったものが増えている最近のことであるから，そう考えるのも当然といえば当然であろう。だが，ここで保護ということばと教育ということばとを結びつけて保育ということばをつくったときの教育の意味は，学校で行われる教育の意味とは異なったものである。それは限りなく，養育（養い育てる）に近いものである。しかも，保育の保護（生命を守ること）という意味も，幼い子を養い育てることも，実は同じ事実を異なった側面からいいかえたものである。

　たとえば，保育所で保育士が食事の世話をすることは，子どもが生きていくための栄養を幼児に与えるという点からみれば，幼児の

保護にあたる仕事である。けれども，食事の世話をしながら幼児とお話をしたり，ほほえみ合ったりするコミュニケーションは，食事をとおして幼児が心の安定をはかり，自分と親しい人とコミュニケーションを交わす力を自然にトレーニングしていることになる。この意味では，教育という働きをしているということになる。

　このように，乳幼児期における大人から幼児への働きかけは，保護も教育も実は区別されて行われているのではなく，ひとつの働きかけを二つの面からみることができるという性質のものである。したがって，保育ということばの成立は，保護と教育を結びつけて保育としたということではあっても，保育と呼ばれる働きかけは，上にのべたような複合された作用を示すものなのである。

（2）　保育の場としての家庭

　保育というものが一般に考えられているような教育の意味とはまったく異なったものであるとすれば，保育の場が保育所だけであったり，幼稚園だけであったりするのはおかしいことになる。もちろん，保育所も幼稚園も幼児を対象にした大人の働きかけの場であって，保育の場であることには違いはない。しかし，何よりも基本となるのは家庭でなければならない。家庭における母と子のかかわりこそ，保育とよぶにふさわしいのである。なぜなら，家庭における母を中心とした大人たちの幼児への働きかけは，幼児の生命を保護し，幼児の発達を助長するためのものであり，保育とよぶにふさわしい営みなのである。

　では，なぜ保育が人間の幼児には必要なのであろうか。人間は生物の中で最も進化した動物である。特にことばを使う動物である。おかげで高度な文明と文化とを発展させてきた。したがって，人間の赤ちゃんは，すばらしい潜在能力をもった存在である。母親の胎内ですでに母親の声を聞きわけたり，羊水の中で，母親の味覚や精神状態を察知したりできるすばらしい能力をもっている。しかし，それにもかかわらず，誕生直後は実に無力である。牛や馬のように，生まれてから数時間で自ら立ち上がり，自力で親の乳を求めてそれを吸い出すといった力はない。人間の新生児は潜在的能力はすばらしいのに，一人ではなにもできない存在である。乳児の潜在能力は，母親などの養育する人の援助があってはじめて実現されるようになっている。いいかえれば，胎内での母親の声を弁別する能力，母親の味覚や精神状態を察知する能力は，すべて母親との結びつきを強めるための能力といってもいい。新生児は誕生直後に母親の匂いを敏感にとらえ，視力で母親の顔も弁別するという。こうして，母と子の絆をつくるよう準備されて生まれてくる。

　これは，人間の子どもが母親の胎内で成長し，完成されて生まれ

るのではなく，未熟なまま生まれてきて，母親などの養育者の力で育てられて大人になることを意味している。ポルトマンという人はこれを生理的早産とよび，人間は未成熟のまま生まれてくる動物だとのべた。これは，一面では非常に困ったことのように思われるが，考え方によれば，高度な文明と文化をもった動物にとってはきわめて好都合なことだともいえる。なぜなら，牛や馬のように胎内で成長してしまわずに，未熟な段階から親の援助によって成長するからこそ，ことばやその他の人間社会の文化を子どもに伝達できるからである。ポルトマンは，人間の子どもは生理的早産のおかげで，母親の子宮（子どもが成長する生理的環境）から早く人間の社会に出てきて，母親を中心とする家庭という環境（これを社会的子宮という）の中で育てられると主張する。

　こう考えると，新生児が家庭という社会環境に参加して，その中で母親をはじめとする家庭のメンバーから受けるさまざまな影響を保育とよぶことができる。なぜなら，この影響こそ，幼児の生命の安全を保護し，幼児の発達を助長していくものだからである。このように，保育は，動物の一種であるヒトの子どもとしての潜在能力をもった新生児を，人間社会に生きることのできる人間として発達させる役割を担うという意味で，人間社会になくてはならない営みだといえよう。

　いまのべたように，保育は人間の文化が世代から世代に伝わっていくためのもっとも土台となる営みであるが，これは必ずしも意図的・計画的に行われるとはかぎらない。いやむしろ，伝統的には，人間の生活の一部として当然のことのように行われてきたのである。母親が子どもにお乳をふくませること，子どもの泣き声でおむつを取り替えること，子守歌をうたって子どもをねかしつけること，子どもたちが群をつくって近所の子どもたちと鬼遊びに夢中になること，ここには保育という営みの原型がある。こうした一連の活動の中で子どもが成長し，自立してきたからである。しかし，現代では，家庭の機能も核家族化し，子どもの数も減り，女性も仕事をもち，家庭だけでは保育が十分に行われなくなった。また，地域の子どもたちが群をつくって遊び，自分を形成する機会もみられなくなった。そこで家庭や地域の保育機能に加えて，幼稚園・保育所という施設保育が行われるようになったのである。

（3）　施設保育における保育の営み

　家庭や地域での保育は，それまでの生活の中で行われてきた子育ての様式（スタイル）を，みようみまねでくり返すことによって行われてきた。夜泣きしたときなどの処置は，"泣く子は育つ"といった諺をたよりに知恵を働かせて行われた。子育ての知恵は，異な

った世代が子育てに参加することで伝わってきた。しかし，施設保育は，子育ての経験のあるなしに関係なく，専門家としての教育をうけた人が幼児をあずかり保育するのである。それゆえ，改めて保育について考え，科学や学問の知識を使って，集団を対象として，こどもへの働きかけを行っていくのである。したがって，子どもへの保育という働きかけは意図的・計画的にならざるをえない。しかし，この意図的・計画的保育も，生活の知恵として行われた家庭での保育と，あくまでも結びついて行われることが望ましいのである。

（4）　保育について学ぶために必要なこと

　以上述べたことから，保育について学ぶ学生にとって必要な事柄は大きくわけて二つある。一つは，保育の専門家として明確な教育的意図をもって計画的に保育するために必要な知識を学ぶことである。それはちょうど，小児科の医師が，幼児の健康を増進し，病気を治すためには，それなりの医学の勉強をしなければならないのと同様である。とはいえ，大学で医学を学んだだけでは，赤ちゃんや幼児の診断と治療はできない。実際に病院で多くの幼児たちの病状を診断する経験がないと，信用のある小児科医にはなれない。同様に，保育を志す学生も，保育所や幼稚園で実際に幼児とつきあって，よい関係をつくれないと保育がわかったということにはならない。

　これは，保育を学ぶためのもう一つの大切なことである。そのために実習がある。実習は保育がわかるための大前提であるが，それだけでは十分ではない。幼児とつきあいながら，幼児の心の動きを理解し，幼児同士がどのようなつきあい方をしているか，幼児はなにをしようとし，したいと思っているかなどがわからなければならない。幼児がことばでなく，態度で大人の援助を求めているときに，それを読みとって援助するとか，幼児の達成したいという気持ちを知って，条件を整えてやるといった働きかけが必要になる。こうした力を身につけるには，ただ経験を重ねて，幼児とつきあっているだけではだめである。そこで最初にあげた専門的な保育についての学習が大切になってくるのである。

　このことを領域「表現」にあてはめて考えれば，保育を学ぶ学生が，将来保育者になったとき，幼児一人ひとりが自然に口ずさむ歌やことば遊びがあることに気づくだろう。また保育者とともにうたう歌でも，幼児が興味をもってうたうところとか，とても好きな歌詞があるだろう。そうした幼児のうたいたいという心の秘密を読みとるには，幼児とつきあうだけでなく，幼児の好きな音楽の特性，幼児の発声能力，幼児の好きなフレーズの特色などについて，専門的な学習が要求されるのである。このように，保育を学ぶということは，経験と知識を総合的に結びつけることなのである。

2　幼児教育における音楽的表現の指導

（1）幼児教育における音楽
― 領域「音楽リズム」から「表現」へ ―

　1948（昭和23）年，文部省は『保育要領―幼児教育の手びき―』を刊行し，戦後の幼児教育が始まった。その後，1956（昭和31）年に『幼稚園教育要領』を刊行した。以降，幼児教育における音楽は，領域「音楽リズム」から，後に誕生した「表現」で取り扱われるようになる（表1参照）。その実際について確認していく。

表1　『幼稚園教育要領』等における教育・保育内容の変遷

年	名称及び教育・保育内容
	【領域「音楽リズム」の時代】
1956 （昭和31）	幼稚園教育要領（刊行） 健康，社会，自然，言語，音楽リズム，絵画制作
1964 （昭和39）	幼稚園教育要領（改訂）告示 健康，社会，自然，言語，音楽リズム，絵画制作
1965 （昭和40）	保育所保育指針（刊行） 1歳3か月未満児／1歳3か月から2歳までの幼児：生活，遊び 2歳児：健康，社会，遊び／3歳児：健康，社会，言語，遊び 4／5／6歳児：健康，社会，自然，言語，音楽，造形
	【領域「表現」の時代】
1989 （平成元）	幼稚園教育要領（改訂） 健康，人間関係，環境，言葉，表現
1990 （平成2）	保育所保育指針（改訂） 6か月未満児～2歳児：基礎的事項と5領域を一括で示す。 3／4／5／6歳児：基礎的事項，健康，人間関係，環境，言葉，表現
1998 （平成10）	幼稚園教育要領（改訂） 健康，人間関係，環境，言葉，表現
1999 （平成11）	保育所保育指針（改訂） 6か月未満児～2歳児：基礎的事項と5領域を一括で示す。 3／4／5／6歳児：基礎的事項，健康，人間関係，環境，言葉，表現
2008 （平成20）	幼稚園教育要領（改訂） 健康，人間関係，環境，言葉，表現
	保育所保育指針（改定）告示 養護：生命の保持，情緒の安定 教育：健康，人間関係，環境，言葉，表現
2014 （平成26）	幼保連携型認定こども園教育・保育要領（刊行）告示 健康，人間関係，環境，言葉，表現
2017 （平成29）	幼稚園教育要領（改訂） 健康，人間関係，環境，言葉，表現
	保育所保育指針（改定） 乳児：基本の事項，身体的・社会的・精神的発達に関する視点 1歳以上3歳未満児／3歳以上児：基本的事項，健康，人間関係，環境， 言葉，表現
	幼保連携型認定こども園教育・保育要領（改訂） 乳児期の園児：基本的事項， 　　　　　　　身体的・社会的・精神的発達に関する視点 満1歳以上満3歳未満の園児／：基本的事項，健康，人間関係， 満3歳以上の園児　　　　　　　環境，言葉，表現

(2) 領域「音楽リズム」の時代

1956（昭和31）年，文部省は『幼稚園教育要領』を刊行した。幼稚園教育の内容として「健康」「社会」「自然」「言語」「絵画制作」「音楽リズム」の6領域が示された。幼稚園教育の目標を達成するために，「望ましい経験」が領域別に複数挙げられた。この「望ましい経験」が小学校教科のように捉えられ，領域ごとに指導を行う問題が生じていった。

そこで文部省は，1964（昭和39）年に『幼稚園教育要領』を改訂して告示した。6領域のそれぞれで複数の事項（幼稚園教育の目標を達成するために，原則として幼稚園終了までに幼児に指導することが望ましいねらい）が示された。その数は，6領域合計で137項目にものぼり，「音楽リズム」では26項目が示された。たとえば歌に関しては「いろいろな歌を歌うことを楽しむ」「みんなといっしょに喜んで歌い，ひとりでも歌える」「すなおな声，はっきりしたことばで音程やリズムに気をつけて歌う」の3項目が挙げられた。教師は望ましいねらいを達成するために，幼児に望ましい経験や活動を行わせる必要があった。その後刊行された領域別の指導書（「音楽リズム」も含む）では，この望ましい経験や活動の例が挙げられた。領域別の指導書を刊行したことは，結果的に領域を教科のように捉える従来の傾向を強化することにつながっていった。

『幼稚園教育要領』が刊行された翌年の1965（昭和40）年に，厚生省は『保育所保育指針』を刊行した。各年齢を7段階に区分し，4歳以上では，『幼稚園教育要領』の6領域におおむね合致するようにされた。ただし領域名「音楽リズム」は「音楽」とされた。領域別に望ましいおもな活動が挙げられ，このことは『幼稚園教育要領』と同様に，教科のように捉える問題につながっていった。

(3) 領域「表現」の時代へ

6領域が教科のように捉えられた批判，また子どもを取り巻く環境の大きな変化を背景に，1989（平成元）年，25年ぶりに『幼稚園教育要領』が改訂された。この中で「幼稚園教育の基本」が初めて示され，「幼児期の特性を踏まえ」「環境を通して行う」ことの重要性が明記された。また，重視する事項として「幼児期にふさわしい生活が展開されるようにすること」「遊びを通しての総合的な指導が行われるようにすること」「一人一人の特性に応じた指導を行うようにすること」の3点が挙げられた。これまでの6領域がなくなり，「健康」「人間関係」「環境」「言葉」「表現」の5領域となった。各領域で示されるねらいは「幼稚園修了までに育つことが期待される心情，意欲，態度など」とされ，内容は「ねらいを達成するため

に指導する事項」とされた。そしてこれらを幼児の発達の側面から
まとめたものが領域とされた。表2に1989（平成元）年改訂の領域
「表現」のねらい及び内容を示す。

表2　1989（平成元）年改訂『幼稚園教育要領』における領域「表
　　　現」のねらい及び内容（一部）

1　ねらい
（1）　いろいろなものの美しさなどに対する豊かな感性をもつ。
（2）　感じたことや考えたことを様々な方法で表現しようとする。
（3）　生活の中でイメージを豊かにし，様々な表現を楽しむ。
2　内容
（1）　生活の中で様々な<u>音</u>，色，形，手触り，動きなどに気付いたり，感じたりするなどして楽しむ。
（4）　感じたこと，考えたことなどを<u>音</u>や動きなどで表現したり，自由にかいたり，つくったりなどする。
（6）　<u>音楽</u>に親しみ，<u>歌を歌ったり</u>，簡単な<u>リズム楽器</u>を使ったりなどする楽しさを味わう。

注）下線（筆者による）は音楽に直接関係する文言。

　ねらい（1）は「豊かな感性をもつ」であり，前要領になかった「感
性」が示されている。ねらい（2）「表現しようとする」，（3）「表現
を楽しむ」とは示されているが，「歌う」「楽器をひく」など音楽行
為そのものは含まれていない。これら音楽に関するものは，内容（1）
（4）（6）で直接的な記述はあるものの，指導する事項として示され
ることになった。また，内容（1）には，「生活の中で様々な音」と
あり，これまでのような「特定の活動の中での音楽」ではなく，幅
広い視点から音楽を捉えていくことを示している。また，内容（1）
と（6）では「楽しむ」ことの記載はあるが，前要領のような技術
的な面については触れられていない。1989（平成元）年以降も『幼
稚園教育要領』は，改訂されていく（表1参照）。その中で，ねら
い及び内容の記述は一部変更されたが（たとえば，1998（平成10）
年改訂でねらい（2）の「様々な表現」が「自分なりに表現」へ変更），
基本となる考え方は変わらなかった。
　『幼稚園教育要領』の改訂に伴い，厚生省は『保育所保育指針』
を1990（平成2）年，1999（平成11）年に改訂した。いずれも3歳
以上児については『幼稚園教育要領』と同様に5領域が設定され，
各年齢における領域の内容が示された。その後2008（平成20）年の
改定で告示化された際に，大綱化が図られ，発達過程区分による保
育の内容の記載がなくなり，一括して示された。
　2014（平成26）年，内閣府・文部科学省・厚生労働省は『幼保連
携型認定こども園教育・保育要領』（以下『教育・保育要領』とする）
を初めて刊行した。5領域が設定され，『幼稚園教育要領』及び『保
育所保育指針』との内容の整合性が図られた。

（4）現行の領域「表現」と音楽

1　育みたい資質・能力と幼児期の終わりまでに育ってほしい姿

　2017（平成29）年3月に,『幼稚園教育要領』『保育所保育指針』『教育・保育要領』の改訂（定）が同時に告示された。この改訂（定）では, 生きる力の基礎を育むための3つの資質・能力が追加された。具体的には以下の通りである。

> ○豊かな体験を通じて, 感じたり, 気付いたり, 分かったり, できるようになったりする「知識及び技能の基礎」
> ○気付いたことや, できるようになったことなどを使い, 考えたり, 試したり, 工夫したり, 表現したりする「思考力, 判断力, 表現力等の基礎」
> ○心情, 意欲, 態度が育つ中で, よりよい生活を営もうとする「学びに向かう力, 人間性等」

　上記の資質・能力は, 個別に取り出して指導するのではなく, 遊びを通じた総合的な指導の中で一体的に育むように努めることが重要である。なお, この資質・能力は, 小学校以上の学校教育において育まれる資質・能力の基礎になるものである。

　「幼児期の終わりまでに育ってほしい姿」とは, 幼児期にふさわしい遊びや生活を積み重ねることにより, 上記の資質・能力が育まれている幼児の具体的な姿である。特に5歳児後半に見られるようになる姿であり,「健康な心と体」「自立心」「協同性」「道徳性・規範意識の芽生え」「社会生活との関わり」「思考力の芽生え」「自然との関わり・生命尊重」「数量や図形, 標識や文字などへの関心・感覚」「言葉による伝え合い」「豊かな感性と表現」の10の姿が挙げられる。これらのうち「豊かな感性と表現」が主に領域「表現」に関わりが深く, 以下のように示される。

> （10）豊かな感性と表現
> 　心を動かす出来事などに触れ感性を働かせる中で, 様々な素材の特徴や表現の仕方などに気付き,① 感じたことや考えたことを自分で表現したり,② 友達同士で表現する過程を楽しんだりし, 表現する喜びを味わい, 意欲をもつようになる。③

注）下線（筆者による）は3つの資質・能力：①知識及び技能の基礎, ②思考力, 判断力, 表現力等の基礎, ③学びに向かう力, 人間性等

　「幼児期の終わりまでに育ってほしい姿」は, 到達すべき目標ではないことや個別に取り出されて指導されるものではないこと, 1つの領域ではなく, 5領域の活動全体を通して育まれることに留意する必要がある。また, 10の姿は園生活の終わりに突然見られるよ

うになるものではない。この姿を念頭に置きながら5歳児の前の各時期にふさわしい指導を積み重ねていくことにも留意する必要がある。

2　0〜2歳児の領域「表現」と音楽

今回の『保育所保育指針』では，3歳未満児の保育の重要性が指摘され，「乳児保育」「1歳以上3歳未満児の保育」での記載内容の充実が図られた。その内容は『教育・保育要領』と共通している。以下『保育所保育指針』に沿って確認する。

2-1　乳児保育の視点「身近なものと関わり感性が育つ」と音楽

乳児保育では，この時期の発達の特徴を踏まえ，3つの視点で保育の内容が示された。3つの視点とは，身体的発達に関する視点「健やかに伸び伸びと育つ」，社会的発達に関する視点「身近な人と気持ちが通じ合う」，精神的発達に関する視点「身近なものと関わり感性が育つ」である。「身近なものと関わり感性が育つ」は，領域「環境」「表現」との関わりが特に深い。内容の5項目の中には，「②生活や遊びの中で様々なものに触れ，音，形，色，手触りなどに気付き，感覚の働きを豊かにする」「⑤保育士等のあやし遊びに機嫌よく応じたり，歌やリズムに合わせて手足や体を動かして楽しんだりする」で音楽に直接関係する文言（下線筆者による）が入っており，特に関わりが深い内容が示されている。

2-2　1歳以上3歳未満児の領域「表現」と音楽

1歳以上3歳未満児の保育では，3歳以上児と同様に5領域が示されている。表3には，1歳以上3歳未満児の領域「表現」のねらい及び内容を示している。内容の中には，②の「音楽」「リズム」，③の「音」，④の「歌」「手遊び」で音楽に直接関係する文言が入っており，特に関わりが深い内容が示されている。

3　3歳以上児の領域「表現」と音楽

『保育所保育指針』及び『教育・保育要領』における「3歳以上児（満3歳以上の園児）」の保育内容は，『幼稚園教育要領』と共通である。表4には，『幼稚園教育要領』の領域「表現」のねらい及び内容を示している。主な改訂点は内容の取り扱い（1）と（3）である。（1）では，豊かな感性を養う際に，自然の中にある音，形，色などに気付くようにすることが追加されている。（3）では，生活経験や発達に応じ，自ら様々な表現を楽しみ，表現する意欲を十分に発揮させることができるように，「様々な素材や表現の仕方に親しんだり」することが追加されている。

表3　2017（平成29）年改定『保育所保育指針』における1歳以
　　　上3歳未満児の領域「表現」のねらい及び内容

（ア）ねらい
①　身体の諸感覚の経験を豊かにし，様々な感覚を味わう。
②　感じたことや考えたことなどを自分なりに表現しようとする。
③　生活や遊びの様々な体験を通して，イメージや感性が豊かになる。
（イ）内容
①　水，砂，土，紙，粘土など様々な素材に触れて楽しむ。
②　音楽，リズムやそれに合わせた体の動きを楽しむ。
③　生活の中で様々な音，形，色，手触り，動き，味，香りなどに気付い
　　たり，感じたりして楽しむ。
④　歌を歌ったり，簡単な手遊びや全身を使う遊びを楽しんだりする。
⑤　保育士等からの話や，生活や遊びの中での出来事を通して，イメージ
　　を豊かにする。
⑥　生活や遊びの中で，興味のあることや経験したことなどを自分なりに
　　表現する。
（ウ）内容の取り扱い（略）（「Ⅴ　資料」p.217参照）

注）下線（筆者による）は音楽に直接関係する文言。

表4　2017（平成29）年改訂『幼稚園教育要領』における領域「表
　　　現」のねらい及び内容

1　ねらい
(1)　いろいろなものの美しさなどに対する豊かな感性をもつ。
(2)　感じたことや考えたことを自分なりに表現して楽しむ。
(3)　生活の中でイメージを豊かにし，様々な表現を楽しむ。
2　内容
(1)　生活の中で様々な音，形，色，①手触り，動きなどに気付いたり，感
　　じたりするなどして楽しむ。
(2)　生活の中で美しいものや心を動かす出来事に触れ，イメージを豊かに
　　する。
(3)　様々な出来事の中で，感動したことを伝え合う楽しさを味わう。
(4)　感じたこと，考えたことなどを音や動きなどで表現したり，自由にか
　　いたり，つくったりなどする。
(5)　いろいろな素材に親しみ，工夫して遊ぶ。
(6)　音楽に親しみ，歌を歌ったり，簡単なリズム楽器を使ったりなどする
　　楽しさを味わう。
(7)　かいたり，つくったりすることを楽しみ，遊びに使ったり，飾ったり
　　などする。
(8)　自分のイメージを動きや言葉などで表現したり，演じて遊んだりする
　　などの楽しさを味わう。
3　内容の取扱い
上記の取扱いに当たっては，次の事項に留意する必要がある。
(1)　豊かな感性は，身近な環境と十分に関わる中で美しいもの，優れたも
　　の，心を動かす出来事などに出会い，そこから得た感動を他の幼児や教
　　師と共有し，様々に表現することなどを通して養われるようにすること。
　　その際，風の音や雨の音，身近にある草や花の形や色など自然の中にあ
　　る音，形，色などに気付くようにすること。②
(2)　幼児の自己表現は素朴な形で行われることが多いので，教師はそのよ
　　うな表現を受容し，幼児自身の表現しようとする意欲を受け止めて，幼
　　児が生活の中で幼児らしい様々な表現を楽しむことができるようにする
　　こと。
(3)　生活経験や発達に応じ，自ら様々な表現を楽しみ，表現する意欲を十
　　分に発揮させることができるように，遊具や用具などを整えたり，様々
　　な素材や表現の仕方に親しんだり，③他の幼児の表現に触れられるよう
　　配慮したりし，表現する過程を大切にして自己表現を楽しめるように工
　　夫すること。

注）下線（筆者による）は音楽に直接関係する文言。波線（筆者による）は今
　　回の改訂での変更箇所（①は「色，形」からの順番入替，②③は新規追加）

（5）これからの領域「表現」と音楽

　1989（平成元）年に領域「表現」が誕生して，様々な実践的検討も進んできたが課題もある。その１つが，保育における音楽の環境をどのように考えていくのかである。『幼稚園教育要領』『保育所保育指針』『教育・保育要領』のいずれにおいても，「環境を通して行う」ことの重要性が示されている。『幼稚園教育要領』の「幼稚園教育の基本」には，以下のような記述がある。

> （前略）教師は，幼児の主体的な活動が確保されるよう幼児一人一人の行動の理解と予想に基づき，計画的に環境を構成しなければならない。この場合において，教師は，幼児と人やものとの関わりが重要であることを踏まえ，教材を工夫し，物的・空間的環境を構成しなければならない。また，幼児一人一人の活動の場面に応じて，様々な役割を果たし，その活動を豊かにしなければならない。

　環境の重要性は，音楽面においても変わらない。『幼稚園教育要領解説』（文部科学省，2017）には，「様々な歌や曲が聴ける場，簡単な楽器が自由に使える場などを設けて，音楽に親しみ楽しめるような環境を工夫することが大切である」（p.240）とある。園の中では，CDプレーヤーやタブレット等で音楽を流して，歌ったり踊ったりする場（ステージ）を設けているところは多い。ここで流す音楽は，基本的に保育者によって選ばれる。音楽を選ぶ際は，メディアでの流行や保育者の好みによるのではなく，幼児の実態を踏まえたねらいを基に考える必要がある。そのためには，幅広い音楽の教材知識が保育者に求められる。また，楽器が自由に使える場についても，何をいくつ用意して，どこに置くのかなど考えることは多い。たとえばミュージックベル（ハンドベル）を環境として用意する場合，箱からそのまま出すのではなく，半音までも含めるのか，１オクターブに限定するのかどうか，また設置する場所は保育室のどこにするのかなど考える必要がある。

　保育者には，以上のように物的・空間的環境を整える以外にも，自らが人的環境としてその場で様々な役割を果たすことも求められる。観客の一員になって，手拍子をしたり拍手を送ったりして，幼児の表現を受け止めたりすること，必要に応じて，適切な言葉をかけたりすることも必要である。また時には幼児と一緒になって音楽をして，楽しい状況を作ったり，憧れのモデルとなったりすることも求められる。

　「環境を通して行う」幼児教育の基本を，音楽の面からどのように具体化していくのかが，今後の課題として重要である。

[引用・参考文献]

小林紀子・砂上史子・刑部育子（編）（2019）保育内容「表現」．ミネルヴァ書房．

水﨑誠（2021）感性と表現に関する領域「表現」のこれまでとこれから―『幼稚園教育要領』の分析を通して―．令和３〜４年度 東京学芸大学教育実践研究推進本部「特別開発研究プロジェクト」報告書別冊．pp.66-75．

文部科学省（2017）幼稚園教育要領解説．フレーベル館．

師岡章（2015）保育カリキュラム総論―実践に連動した計画・評価のあり方，進め方―．同文書院．

無藤隆・汐見稔幸・砂上史子（2017）ここがポイント！３法令ガイドブック―新しい『幼稚園教育要領』『保育所保育指針』『幼保連携型認定こども園教育・保育要領』の理解のために―．フレーベル館．

民秋言［代表］（編）（2017）幼稚園教育要領・保育所保育指針・幼保連携型認定こども園教育・保育要領の成立と変遷．萌文書林．

（6）音の環境と幼児の表現の新たな展開

　各領域の記事の最後に「内容の取扱い」という部分があり，「表現」について次のような留意事項が示されている。

（1）豊かな感性は，身近な環境と十分に関わる中で美しいもの，優れたもの，心を動かす出来事などに出会い，そこから得た感動を他の幼児や教師と共有し，様々に表現することなどを通して養われるようにすること。その際，風の音や雨の音，身近にある草や花の形や色など自然の中にある音，形，色などに気付くようにすること。（下線筆者）

シェーファーの著書「耳のそうじ」"Ear Cleaning" の表紙
©1967 LIMITED BERANDOL MUSIC CANADA

　この下線部分の考え方は，これまで幼児教育では明記されたことのない「サウンドスケープ（Soundscape）」の考え方である。サウンドスケープとは，カナダの作曲家・音楽教育家であるR.マリー・シェーファー（1933-2021）の造語で，風景を意味する「ランドスケープ」という語の前半を，音を意味する「サウンド」に置き換えたものである。敢えて訳すならば「音の風景」である。当時，私の研究室で活動していた「音・音楽・子どもの会」はその研究を中心としたもので，シェーファーもその特別会員であった。1984年4月にシェーファーは，京都信用金庫創立60周年企画行事に招かれ，京都という町の印象に基づく作品を委嘱された。その際，東京で「マリー・シェーファー／サウンドスケープの詩学」というフィルム上映と講演，シンポジウムが開催された。その翌日，帰国の前日に私の研究室で彼を囲む小さな例会を計画し，30人ほどがひしめくように集った。彼は，音楽教育の改革は，子ども達の耳をクリーンにすることから始まるとして，印象的なワークショップを行った。

　1970年代から欧米の音楽教育界ではC.M.M.（Creative Music Making）という考え方が一つの中心的な課題となった。わが国では「創造的音楽学習」や「音楽づくり」と名付けられたが，ここで語られる「音楽」はそれ以前の伝統的な概念から大いに範囲を広げたものになっており，始めのうち多くの人々には理解の困難なものであった。国の教育界にこれが登場したのは，平成元（1989）年告示の小学校学習指導要領，第6節「音楽」の「(4) 音楽をつくって

表現できるようにする」，並びにこれを解説した指導書の解説部分に現れた次の文である。

　この活動では，まず，自然音（風の音，雨の音，川の音など），環境音（電車の音，自動車の音，工場の音など），動物の鳴き声や人の声など，これまで何気なく聞いていた身のまわりの音の響きに注目し，つづいて自分が表現したいと思うことについて，今まで経験してきたいろいろな響きのイメージをもとにして，声や楽器，擬声語や擬態語，身のまわりの様々な音の素材（木片，金属片，紙，息など）を使って，探りながら即興的に表現することなどが考えられる。（第1学年及び第2学年の目標と内容より）

　つまり，われわれが「音楽」だと理解している範囲を超えて，自然の中の「音」や，騒音というものまでが対象であり，逆に音のしない「静寂」までをとらえようとするものなのである。こうした動きの中での代表的著作には "Sound and Silence" 1970（邦語訳「音楽の語るもの」山本文茂ほか）という書籍がある（本書p.73参照）。著者は，「音楽の真の基礎は，音（sound）と沈黙（silence）の価値を判断する『耳』である」と述べている。そういえば，わが国の文化で「静けさや岩にしみいる蝉の声」の名句も「静寂」を捉えている。

　子どもたちはいかに「身の回りの音」を感じ取っているだろうか。私の体験したひとつの事例であるが，箱型ブランコがひどくきしんでいたのでグリスを注入したところ，子どもが徐々にそこを離れてしまった。彼らはあの「キーキー」と繰り返す音とともにブランコをこぐ動きを楽しんでいたようなのである。遊具が痛んではこまるのだが，遊びをこわしたこととで，複雑な気持ちであった。

　ここで語った様々な音を「キーキー」などと表すのは，擬声語擬態語などとよばれ，今日一般に「オノマトペ」と呼ばれる。蝉はミーンミン，ジージー，コオロギはチロチロリン，コロコロリン，車はブルルン，ブンブン，赤ちゃんはオギャーオギャーなどと，ことばの「音」による表現は数限りない。ささのはサーラサラ，どんぐりコロリン，おもちゃのチャチャチャと，歌の中にも極めて多い。会話の中でもレンジでチーンしてとか，水の中にザブーンともぐってなど，重要な表現様式なのである。これらは，本当の音に似せた言葉でつくった豊かな表現であり，「音の見立て」と言えよう。

　幼児のごっこ遊びは見立ての共有によって成り立つと言われる。「ここお店だよ」，「私お客さん」，「今，朝だよね」。場所の見立て，人見立て，時を見立て，「○○みたいだね」，「○○にしようね」と言っている。「ぷーんっといいにおい」，「クレープ？」。香りを音に見立てて雰囲気を共有する。先の教育要領の内容で「音」に下線を

加えたのは，こうした意味からである。

　ある時，学生達と「がらがらどん」ごっこをした（演じてみた）。「橋を渡らなければなりません，橋の下には気味の悪い大きなトロルがすんでいました。」欲しかったのは，谷川を流れる水の音。なかなか見つからなかった。擬音作りの専門家は柳行李（やなぎこうり）の中に大豆などを入れて左右に流すそうだが，身近には無い。

　こうした時のために環境の中に用意したい楽器（音具）がある。音具とは，音の出る彫刻とでも言うべきサウンド・スカルプチュア（Soundsculpture）から邦訳された，周辺にある様々な打楽器や，創作された発音体などの総称である。流れや波の音といった水の音の代表は「レインスティック」，「オーシャンドラム（シードラム）」であろう。また，貝殻を組み合わせて手の中で作る音も面白い。サンバの中などで用いられるクウィーカーやスライドホイッスル，カズーも独特な音を作り出す。こわい音の代表はスプリングドラム，竹筒を打つのも様々に工夫が生きる。名のある打楽器，リズム楽器だけでなく，これらの音具や各国の民族楽器にもアンテナを張って体験しておきたいものである。ヨーロッパの子どもたちが，「皮の楽器」「木の楽器」「金（かね）の楽器」と言って音を探していたのは素晴らしい感性の耕しだと感じた。

　大切なのは，幼児の環境にある音とのかかわりを見取って，そこで彼らが何を感じ，何を発見し，そこにあるどのような魅力が彼らを引き付けているのかを，さらにそこで幼児が身につけていく感覚や能力は何であるのかを考えることが重要ではないだろうか。

　音の環境は，一斉に歌ったり楽器を用いた経験を与えることも，幼児にとって必要である。これは，そのような経験を繰り返すことを通じて音楽を感じ取る「場」であり，その経験がなされた場の音の環境，全体の雰囲気も彼らの心に働きかけるからである。

左はスプリングドラム，
右はレインスティック

［参考文献］

1．小田豊「幼保一体化の変遷」北大路書房　2014

2．幼稚園教育要領〈平成29年告示〉文部科学省

3．保育所保育指針　〈平成29年告示〉厚生労働省

4．幼保連携型認定こども園教育・保育要領〈平成29年告示〉内閣府／文部科学省告示第1号／厚生労働省

5．幼稚園指導書「一般編」文部省　1968

6．幼稚園教育課程講習会説明資料　文部省初等中等教育局幼稚園科　1988

7．近藤充夫他　「新・教育要領のすべて」世界文化社　1989

8．小学校学習指導要領／小学校指導書・音楽編　文部省　1989

9．井口 太「来日したマリー・シェーファーの創造的音楽教育」―サウンドスケープと耳のそうじ―　教育音楽・小学版　39巻7号　音楽之友社　1984

10．山本文茂ほか訳　音楽の語るもの "SOUND AND SILENCE | CLASSROOM PROJECTS IN CREATIVE MUSIC" 音楽之友社　1982

11．擬音語・擬態語4500　日本語オノマトペ辞典　小野正弘　（株）小学館　2007

12．日本人の脳－脳の動きと東西の文化－　角田忠信　大修館書店　1978

13．音・ことば・人間　武満徹／川田順造　岩波書店　1980

3　乳幼児の発達と音楽

（1）　発達とは何か

「発達」は保育でよく用いられる言葉である。この発達とは何であろうか。これまで発達とは，「子どもから大人への変化」という限定された意味で用いられてきた。しかし現在では，生涯発達の観点から「受胎から死に至るまで，心身や行動が変化していく過程」という意味で用いられている。このような発達の意味を踏まえれば，一生涯続く発達の一番始めの時期として，乳幼児期を捉えることができる。発達には，運動や言葉など様々な側面があり，それぞれに特徴がある。音楽面での発達は「音楽的発達（Musical Development)」と呼ばれる。この音楽的発達は，歌うことや弾くことなどの演奏面だけではなく，動くことや聴くことなども含めた幅広いものとされる。

以上のように発達を考えた時，「心身や行動が変化していく過程」をどう考えていくのかが重要になってくる。発達は，時間がたつにつれて右肩上がりで直線的に良くなっていくとは限らない。実際の発達の様相は，直線的で単純なものではなく，時に停滞したり，急激に伸びを示したりするものである。これまでの音楽的発達に関する実験研究では，年齢間の差が3歳と4歳との間ではみられず，5歳になって急に伸びて3〜4歳と大きな差が生じたことを報告しているものがある。また同一の幼児であっても，ある日できたことが，次の日にはできなくなることも示している。このように発達は右肩上がりで直線的に良くなっていくという単純なものではなく，実際は，思っている以上に複雑なものなのである。この複雑な発達の様相への適切なかかわりが保育者として必要になってくる。

さて発達をもたらす要因をめぐっては，遺伝と環境が議論の対象になってきた。生まれながらにして持っている遺伝的な要因を重要とみなすのか，生後に置かれた環境を重要とみなすのか，である。今日的な考えに従うと「遺伝も環境も重要」ということになるが，音楽的発達については，いまだに遺伝を重視する考えは根強い。自らの音痴が我が子に遺伝するのではないかと本気で心配する親は少なくない。また自らの音楽成績が悪かったことから，我が子の音楽的発達にあまり期待しない親もいる。しかし，これまでの研究から明らかになっているように，音楽的発達であっても他の発達と同様に環境の影響は大きい。このように考えると，乳幼児の音楽的発達のために保育者としてどのような環境をつくっていけばよいのかが問われてくるのである。

（2）　保育と発達

　平成29年に改訂（改定）された『幼稚園教育要領』『保育所保育指針』『幼保連携型認定こども園教育・保育要領』では，これまでと同様に多くの箇所で「発達」という言葉が使われている。たとえば『幼稚園教育要領』では，領域「表現」の内容の取扱い（3）で，「生活経験や発達に応じ，自ら様々な表現を楽しみ，表現する意欲を十分に発揮させることができるように，遊具や用具などを整えたり，様々な素材や表現の仕方に親しんだり，他の幼児の表現に触れられるよう配慮したりし，表現する過程を大切にして自己表現を楽しめるように工夫すること（傍点筆者による。以下同様。）」と示されている。また『保育所保育指針』『幼保連携型認定こども園教育・保育要領』では，「乳児保育」「1歳以上3歳未満児」「3歳以上児」のそれぞれで発達の特徴が述べられている。たとえば乳児では「乳児期の発達については，視覚，聴覚などの感覚や，座る，はう，歩くなどの運動機能が著しく発達し，特定の大人との応答的な関わりを通じて，情緒的な絆が形成されるといった特徴がある」と述べられている。また，1歳以上3歳未満児では「この時期においては，歩き始めから，歩く，走る，跳ぶなどへと，基本的な運動機能が次第に発達し，排泄の自立のための身体的機能も整うようになる」との記述がみられる。

　保育者は，乳幼児の発達を深く理解していく必要がある。そのためには，乳幼児の発達について学ぶ必要がある。乳幼児とかかわる直接の経験を増やすだけでは発達はなかなか理解できない。発達の特徴および一般的な発達の過程を理論として学ぶことで，保育実践でのより深い乳幼児の理解が可能になってくると考える。理論を学んだままにせず，どのように実践につなぎあわせていくのかが課題になろう。

　実際のかかわりのなかでは，乳幼児の姿を丁寧に見ていくことがまず求められる。この丁寧さは，時に音楽においては難しいようである。先述したように発達とは「心身や行動が変化していく過程」のことを意味している。この意味に即して考えるなら，変化しつつある乳幼児の姿をよく見ることが必要不可欠である。音楽で言えば，乳幼児を見るだけではなく，彼らの発する音や声をよく聴いていくことも求められる。楽譜ばかりを見てピアノ伴奏に集中しているだけでは，乳幼児の歌う顔も見えないし，歌声にも注意が向かない。乳幼児の音楽する姿をじっくり見て聴くことから始める必要がある。その際「歌っている」「歌っていない」や「正しい」「間違っている」のような表面的な捉えではなく，「どう歌おうとしているのか」「何を楽しんで歌っているのか」など，丁寧な読み取りが必要になってくる。発達状況を適切に理解することが，指導の実際を考える上でまず重要になる。

（3）　発達の特徴

　保育者にとって，一般的な発達過程を理解することは重要であるが，それと同時に発達の特徴への理解も欠かすことができない。特に「発達の個人差」は，乳幼児の発達を理解する際にまず重要である。『保育所保育指針』（平成29年改定）では，保育の方法で「子どもの発達について理解し，一人一人の発達過程に応じて保育すること。その際，子どもの個人差に十分配慮すること」と示されている。

　歩き始めたり，話し始めたりする時期は，個人によって違いがあるように，歌い始める時期も様々である。このような音楽的発達における個人差は学術研究によっても明らかになってきている。保育ではこの個人差に対する配慮が求められる。個人差の背景には，まずその子自身が持っている資質や特性の違いがある。それ以外にも，家庭での音楽的環境や音楽経験の違いなどが挙げられる。家のなかで好きな音楽を十分に聴くことができる環境に育った子もいればそうでない子もいる。また母親と一緒によく歌った経験のある子もいればそうでない子もいる。このような環境や経験の違いなどによって，個人差が表れてくると言える。

　発達の特徴としては，以上の「発達の個人差」以外にも次の3点が重要である。

　第1に「発達の順序性」である。話すことができるまでに，喃語の時期を含めた一定の流れが認められるように，発達には順序がある。これは言葉に限ったことでもなく，音楽においても当てはまる。話すまでのプロセスがあるように，歌うまでのプロセスもまたある。ある日突然に，曲の始めから終わりまですべてを歌うことはない。曲の一部分を歌う前の段階があり，歌える部分が次第に増えていくのである。

　第2に「発達の相互関連性」である。発達は様々な側面が関連し合いながら総合的に進んでいく。したがって，音楽的発達といってもそれだけが独立して発達するのではなく，運動，言葉，そして情緒などの様々な側面が相互に関連し合う。運動面の発達によって，体を意図するように動かすことを可能にし，音楽に対してもより積極的にかかわっていくようになる。また，歌唱では歌詞があるために，言葉の発達と密接なかかわりがあるとも言える。

　第3に「発達の連続性」である。繰り返すことになるが発達とは変化の過程である。この変化は，止まらずに連続している。表面的には，発達が止まったように思える時であっても，非常に遅いペースで発達していると捉えることが重要である。「いつも歌っていない」という表面的な捉えではなく，日々発達しているという目で見ることが必要である。保育者には長期的な見通しが必要とされる。

（4）　胎児と音

　受胎からを発達の対象にするのであれば，胎児期の音楽的発達とはどのようなものであろうか。胎児に音は聞こえているのだろうか。呉（2009）は，自著である『赤ちゃんは何を聞いているの？－音楽と聴覚からみた乳幼児の発達－』（pp.20－24）で胎児の聴覚について述べている。呉は，母親の胎内にいる約40週のうち後半の約20週は音が聞こえていると述べ，このことを脳の研究結果を紹介しながら説明している。

　それでは，胎児にはどのような音が聞こえているのだろうか。呉は，3種類の音が聞こえていると指摘している。第1は，母親の体が生み出す音（たとえば腸や心臓の音）であり，このような胎内音を生後に聞かせると，泣いたりぐずったりしている新生児が穏やかになるという研究結果を紹介している。第2は，空気中を伝わる外界の環境音であり，外界の音の高さによって伝わり方が異なるという研究結果を紹介している。呉が紹介した研究では，外界の環境音が胎児の耳にどのくらいの大きさで伝わるのかを120Hzから8000Hzまでの周波数を対象に検討している。その結果，音の減衰は500Hz以上の高い周波数の音で大きく，500Hz以下の低い音では少なかったことを報告している。第3は，母親自身の声であり，この声は体の振動としても伝わる。このために，胎児が聞こえる上記3種類の音のなかでもっともよく聞こえると述べている。

　外界の音が胎児に聞こえているとして，どのように聞こえるのかは気になるところである。音は母親自身の体を通過して，羊水のなかにいる胎児へ伝わる。また体内は母親自身の体が生み出す音もある。このように考えると，外界にいる私たちとまったく同様には聞こえていないことは容易に想像できる。志村（2016）は，「胎内で聴取した母親の音声」が実際どのようなものかをシュミレーションした自らの実験を紹介している。この実験では胃を子宮に見立てて羊水とほぼ同量の水300ccを入れ，そこに小型マイク1本を挿入し，それと同じマイク1本を体外腹壁近傍に置き，それぞれで同一の発話音声を録音している。録音された声を音声分析した結果によれば，胃中で録音した声では高域の周波成分のスペクトルが見られなかったが，声のピッチパタンは変わらずに体外の声と同じ傾向であった。これらの結果から，特に3000Hz以上の，言葉の「子音」を担っている音声が十分には伝わっていない可能性があること，また音声の抑揚は届いていると考察している。志村は実験で録音された声を公開している。胃中で録音された声を実際に聞いてみると，発話音声である「いいこねぇー」も「かわいいねぇー」も言葉が不明瞭でよく聞き取れないことが確認できる。

4 音楽的発達の過程

（1） 0歳児

　出生後の1年未満は体の発育とともに，感覚の発達もめざましい。乳児の聴覚が，生後6か月間で，大人と遜色ない聴こえに近づくと言われている。これまでの研究によると，乳児の音楽に対する知覚能力も高いことが分かっている。たとえば乳児は旋律を1音1音ずつに分けて聴くのではなく，大人と同様にひとまとまりの連なりとして聴いており，このため旋律を移調しても同一のものだと判断できると分かっている。

　新生児の泣き声の高さは，個人差はあるもののほぼA4（一点イ音）（400〜500Hz）とされており，単純で規則的なリズムの繰り返しである。新生児は，音に対して反応し母親の声と他者を区別できる。また4か月頃になり首がすわるようになると，音のする方向へ顔を向けるようになってくる。5〜6か月頃になると，お座りができるようになり，母親の歌声などの音楽に対して体で反応し始めるようになる。手を叩く，スプーンで机を叩くなどして，音を鳴らして楽しむような行動もみせる。このように音を出す行動は，7か月頃以降，はいはい，つかまり立ちができるようになると，より多くなっていく。音楽を聴いて手を叩いたりして，自分なりのリズムで反応していく。

　乳児の泣き声は月齢を追うごとに減っていき，音声が発達していく。2〜3か月頃では「アー」「ウー」といった「クーイング」と呼ばれる母音に近い声が多くなる。4〜6か月頃は，発声を使って「声遊び」もする。この声遊びでは，高さを変えたり長さを変えたりしながらいろいろな種類の音を発声する。低い音から高い音まで幅広い高さの声を出すことも特徴である。6か月頃には，一般に「喃語」と理解される発声（規準喃語）が出てくるようになる。それ以降，喃語は盛んになっていき，まるで話をしているかのように豊かになっていく。このような喃語と並行して，乳児はあたかも歌っているような声も出現させる。このようなメロディックな声を，「音楽的喃語」と呼ぶ研究者もいる。乳児は様々な音の声を出す。これはいずれ本格的な歌唱へとつながる重要な第一歩と考えることができる。「マザリーズ（motherese）」とは，まだ十分に言葉を話すことのできない乳幼児に対する声のかかわり方として知られ，「対乳児発話（Infant Directed Speech）」とも呼ばれる。マザリーズは養育者から乳幼児への応答的で情緒的な声のかかわりであり，歌いかけるような音声の特徴を持つ。この特徴から，乳幼児に対する音楽的かかわりとしても捉えられている。

（2）　1〜2歳児

　この時期の大きな特徴は歩行の開始である。歩行が安定すると，自由に手を使えるようになり，その機能も発達し，環境へ積極的にかかわっていこうとする。音が出るものに対しても様々なやり方で試していく。音に対する探索活動は，運動機能が発達するなかでより積極的になっていく。保育者の歌声に合わせて体を揺らしたり，簡単な手遊び歌などのしぐさを真似たり，歌に合わせてリズムをとったりといった様子もみられる。このように自らを取り巻く音楽に対してかかわっていくが，音楽に合わせることはまだ難しい。遠藤（1998）は，「げんこつやまのたぬきさん」を用いて，1〜5歳児のパフォーマンスの変化を検討している。その結果，3歳児以降にリズムが合うようになることを明らかにしている。この結果を踏まえると，1〜2歳児は，自分なりのリズムで手遊びをして楽しむ時期と言える。

　歩行とならんでこの時期の特徴は，言葉の発達である。大人の言うことが分かるようになり，自分の意志を伝えたいという要求が生まれてくる。自我が育つなかで，強く自己主張することも多くなっていく。言葉の活動が盛んになると，ほぼ平行して保育者の歌いかけに対して，一緒に歌うようになる。ただし，1歳頃では1曲すべてを歌うことは難しく，その表現はある歌詞の部分的な模倣の繰り返しにとどまる。発音しやすく，印象の強い部分を繰り返すことに始まり，その部分が多くなっていく。このような部分歌いができることは，しっかりと耳で聴いているとも考えられる。歌詞がところどころしか歌えないからといって，教え込んだりすると幼児の歌いたいという気持ちを半減させることにつながりかねない。部分的にしか歌えなくても満足している場合が多いのである。部分歌いを経て2歳頃には簡単な曲を始めから終わりまで歌える子も出てくる。この頃になると，誰が聴いても幼児が歌っていると認識できる。

　さて幼児は，既成の曲だけを歌うのではなく，自ら歌もつくる。つくり歌は，自発的なものであり，保育者による指示によるものではない。また即興的なものでもあるので，時間をかけておこなう作曲とは意味合いが異なる。幼児は遊びのなかで，目にしたものや耳にしたものなどをきっかけとして，気持ちを歌として表現する。ここでの歌は，楽曲と呼ぶほど長くはなく，言葉に自由に旋律をつけて遊ぶようなものである。このつくり歌の行動は，2歳から4歳頃にみられる。つくり歌は，言葉の音の特徴を生かした音声であるとされ，日本語の高低アクセントを活かしたものになっている。「つくり歌」と先述の「既成曲の部分歌い」のどちらもがこの時期の歌唱発達にとって重要になる。

（3）　3歳以上児

　3〜6歳のこの時期は，運動機能がますます伸びていく。全身のバランスをとる能力が発達していき，全身運動も滑らかで巧みになっていく。基本的生活習慣も確立に向かい，生活に必要な行動のほとんどを1人でできるようになっていく。理解する語彙数も急激に増加していき，知的興味や関心も高まり，想像力も広がっていく。友達とのかかわりも広がっていき，集団で行動していく。

　3歳以降の音楽の認知能力の発達もめざましい。山根（2009）の音感ベルを用いた課題によれば，2，3歳児よりも4，5，6歳児で音高識別力が高かったことを報告している。このような音高の認知能力以外にも，旋律や和声といった基本的な音楽諸要素の認知が発達する。また，演奏に込められた感情の認知も可能になっていく。大浦・中西（2000）によれば，楽しい，悲しい，怒ったの3つの感情を込めて演奏されたピアノ曲を聴いて，感情が解読できるのかを検討している。その結果，4〜5歳児の正答率は半分程度であり，演奏からある程度の感情認知ができることを示している。

①　3歳児

　歩く，走る，跳ぶなどの基本的な動作が一通りできるようになっていく。幼稚園や保育所などで様々な動作や運動を十分に経験することによって，身体感覚を高めていく。音楽に対しても体の動きで積極的にかかわるのを好む。簡単な曲であれば音楽に合わせることができる幼児もいる。ただし，複雑な曲に合わせた身体表現はまだ難しい段階である。また鈴やカスタネットなどの簡単な楽器を鳴らすことを好む。この場合，曲に合わせてリズムを刻むというよりも音を出すことそのものを楽しむ。

　理解する語彙数が急激に増加する時期であり，言葉のやり取りが盛んである。短く簡単な曲であれば歌詞を間違わずに1曲すべてを歌うことができる。しかし，2番や3番まである長い曲を正確な歌詞ですべて歌いきることは時間がかかり難しい。保育者が積極的に歌い，幼児の歌声を支えることが求められる。この年齢では保育者の歌声や伴奏の音高に合わせて歌うことはなかなかできない。合わせようとするよりも，自分の出しやすい声の高さで歌っていると言ってよい。たとえば「チューリップ」を伴奏していても，それにまったく合っていないことがある。歌詞と旋律を同時に注意しながら歌うことは困難だからであろう。新しい曲を増やすというよりも，お気に入りの曲を何度も歌うことに喜びを感じる。

②　4歳児

全身のバランスを取る能力が発達する。活動的であり，身近な環境に全身でかかわっていく。音楽に合わせて歩くだけでなく，スキップもしたりと身体表現は巧みになっていく。また単純なリズムパターンを模倣して再生することもできる。たとえば「タンタンタタタン」というリズムを聴いて手拍子で模倣して再生することも可能になる。また簡単な楽器を用いて，クラスでの合奏ができるようにもなってくる。この合奏では，いくつかのリズムパターンをタンブリン，鈴などの違う楽器で担当して，1つの曲を演奏する楽しさを味わうようにもなってくる。

少し長い曲でも歌詞を間違えずに歌うことが可能になる。歌詞は3歳児より正確に歌う。長い曲をすべて歌えることは，幼児にとって大きな自信につながっていく。この頃になると，3歳児のように自分の出しやすい声の高さで歌うことは少なくなる。保育者の伴奏の音にぴったりと合わせることはまだ難しいが，旋律の輪郭そのものは正しく歌う。まず旋律の輪郭を歌えるようになり個々の音の高さに合わせていくという段階を踏んでいく。この時期，想像力も広がっていくため，歌の歌詞からイメージを膨らますようにもなってくる。

③　5〜6歳児

運動機能面では，大人が行う動きのほとんどができるようになっていく。快活に飛び回り，自信をもって活動するようになる。音楽に対しては，はずむ感じ，ゆっくりなどの雰囲気の違いも捉えて，身体で表現することもできるようになってくる。この時期は木琴や鉄琴などの音高のある楽器も含めた合奏ができるようになってくる。1人1音を担当するベルの分担奏にも挑戦してできるようになってくる。また曲の各部分にふさわしい楽器をグループで相談して決めて，オリジナルの演奏をするようにもなっていく。

2番や3番がある長い曲でも歌詞を間違えずに歌うことが可能になっていく。斉唱だけではなく，「森のくまさん」のような交互唱も可能になっていく。このような交互に歌う経験は，クラスの友達の歌声を聴き合う機会にもなり重要である。歌詞に自らの経験を重ね合わせることで，より気持ちを込めても歌うようになってくる。この頃になると，身体機能が高まり，豊かな声量で歌うことも可能になり，伴奏の音に合わせて正確に歌うことができる幼児が増えてくる。また，体の動きを伴わずに歌うことそのものに集中することも可能になっていき，お互いの歌声に影響されながら，クラスの歌声はまとまっていく。

（4）　幼児の声域

　声域とは，「対象とする人の発声（歌唱）することができる最高音と最低音との幅のこと」を指す。もちろんここでは叫び声も含めた生理的に発声できる幅ではなく，歌う時の声域が問題になってくる。幼児の声域を理解することは，次の2点で重要である。第1点は，歌唱教材曲を選ぶ際の1つの基準になることである。多くの場合，保育者によって曲は選ばれるが，その際には歌詞の内容が幼児の実態に合っているのかだけではなく，歌いやすいのかについても配慮する必要がある。その歌いやすさを決める1つの要因が曲の音域である。選曲の際は，曲の音域が幼児の声域の範囲内なのか，それとも広いのかを確認することが重要である。音域が広い曲を用いる場合は，どの箇所がどのくらい広いのかを理解した上で，取り上げる必要がある。このような丁寧な選曲は，保育での歌唱活動をより良いものにすると考える。第2点は，教材曲を声域に合わせて移調する際の基準になることである。私達大人でもカラオケで経験があるように，曲全体の高さを低くしたり，高くしたりすることで，歌いやすさは変わる。この移調という作業は幼児にとっても同様であり，教材曲の音域をできるだけ幼児の声域に近づけることで，歌いやすくなる。なお現在では，保育のなかで電子ピアノやキーボードを用いることも多くなっているが，こうした楽器には移調機能が備わっている場合がある。移調奏が苦手な者にとって大変便利な機能であろう。

　表1には，これまでにおこなわれた主な声域研究の結果をまとめている。声域研究では，複数人の対象児から得られた個別のデータを元にして，対象とする集団の声域の結果を示している。表1から，幼児の声域は年齢が上がると，拡大することが分かる。たとえば伊藤（1977）は，平均声域（計）を4歳児13.7半音，5歳児15.3半音としており，4歳児よりも5歳児の声域が広いことを明らかにしている。伊藤（1977）以外の研究でも，声域は広がっている。年齢に応じた声域の理解が求められると言える。

　それでは幼児の声域は具体的にどのくらいなのか。図1は，表1をもとに吉富（1983）を楽譜化したものである。同一年齢の男女を比べると，5歳児では男児よりも女児の方がより広い声域の結果を報告している。このような性差はあるものの，声域の最高音は低いことが分かる。幼児の声域の最高音はD5（二点ニ音）よりも低い。このD5は，教材曲の盛り上がりでよく出てくる音高であるが，この音は幼児の声域から考えると難しいと言えよう。

表1　主な声域研究

出典	対象		人数	結果	方法
伊藤 (1977)	4歳	男	35	12.7半音	ピアノにより1オクターブの音階を呈示し，階名で移調歌唱させる。正確を期すために上限音・下限音ともに対象児の出し得た音より1半音減じたものをデータとした。結果は，対象集団の平均半音数である。
		女	33	14.6	
		計	68	13.7	
	5歳	男	32	13.6	
		女	33	16.9	
		計	65	15.3	
吉富 (1983)	4歳	男	52	A3〜G♯4	「メリーさんのひつじ」を，ピアノ伴奏付きで移調歌唱させる。充実した響きとか無理のない発声といった声楽的観点を除外して，かすかにではあっても実際に歌うことのできた声までを有効データとし「歌唱可能声域」とした。結果は対象集団の50％以上が歌えた歌唱可能声域である。
		女	54	A♯3〜A4	
		計	106	A3〜G♯4	
	5歳	男	61	A3〜A4	
		女	66	G♯3〜C5	
		計	127	A3〜B4	
前山 (1985)	4〜6歳	計	51	A3〜A♯4	長2度音程の単語（トマト）を半音ずつ高さを変えて歌唱させる。声の音色に関係なく，与えた音高に一致して発声した範囲を「標準的声域」とした。結果は対象集団の50％以上の標準的声域である。

図1　吉富（1983）の50％以上が歌えた歌唱可能声域

引用・参考文献

遠藤晶（1998）「幼児の手あそびにおけるパフォーマンスの年齢による変化」『発達心理学研究』第9巻，第1号，pp.25-34.

呉東進（2009）『赤ちゃんは何を聞いているの？−音楽と聴覚からみた乳幼児の発達−』北大路書房.

濱田豊彦（2003）「第3章1．音楽能力の発達」荒木紫乃（編）『音・音楽の表現力を探る−保育園・幼稚園から小学校へ−』文化書房博文社，pp.52-62.

伊藤勝志（1977）「幼児の声域に関する研究」『北海道教育大学紀要　第1部　C　教育科学編』第27巻，第2号，pp.43-52.

厚生労働省（2008）『保育所保育指針解説書』フレーベル館.

前山珠世（1985）「幼児の声域と歌唱表現にみるその影響−声域調査をも

とに，歌唱表現のくずれに着目して－」『音楽研究（大阪音楽大学音楽研究所年報）』第3巻，pp.107－124.

McDonald, D. T., & Simons, G. M.（1989）*Musical growth and development: Birth through six*. New York: Schirmer Books.（神原雅之・難波正明・里村生英・渡邊均・吉永早苗（訳）（1999）『音楽的成長と発達－誕生から6歳まで－』溪水社.）

Miyamoto, K. A.（2007）Musical characteristics of preschool-age students: A review of literature. *Update: Applications of Research in Music Education*, Vol.26, No.1, pp.26－40.

水﨑誠（2013）「幼児の声域研究の動向」『全国大学音楽教育学会研究紀要』第24号，pp.31－37.

水﨑誠（2015）「第2章　子どもと歌う」吉富功修・三村真弓（編）『改訂3版　幼児の音楽教育法－美しい歌声をめざして－』ふくろう出版，pp.13－21.

Moog, H.（1968）*Das Musikerleben des vorschulpflichtigen Kindes*. Mainz; Schott's Söhne.（石井信生（訳）（2002）『就学前の子どもの音楽体験』大学教育出版.）

無藤隆・汐見稔幸・砂上史子（2017）『ここがポイント！3法令ガイドブック－新しい『幼稚園教育要領』『保育所保育指針』『幼保連携型認定こども園教育・保育要領』の理解のために－』フレーベル館.

日本音楽教育学会（編）（2004）『日本音楽教育事典』音楽之友社.

大畑祥子（1997）「第3章1．発達」大畑祥子（編）『保育内容　音楽表現の探究』相川書房，pp.51－62.

大浦容子・中西里果（2000）「演奏の情動表現の解読技能の発達」『音楽知覚認知研究』第6巻，第1号，pp.13－29.

志村洋子（2016）「第1章第5節　乳幼児の聴覚経験と音・音楽のかかわり」日本赤ちゃん学会（監修）小西行郎・志村洋子・今川恭子・坂井康子（編）『乳幼児の音楽表現－赤ちゃんから始まる音環境の創造（保育士・幼稚園教諭養成課程）－』中央法規，pp.16－17.

志村洋子（2017）「第3章　音楽」一般社団法人日本赤ちゃん学協会（編）『赤ちゃん学で理解する乳児の発達と保育第2巻－運動・遊び・音楽－』中央法規，pp.95－159.

鈴木みゆき・藪中征代（2004）「第1章Ⅱ．乳幼児と音楽」鈴木みゆき・藪中征代（編）『保育内容「表現」　乳幼児の音楽』樹村房，pp.10－24.

梅本堯夫（1999）『子どもと音楽』東京大学出版会.

山根直人（2009）「幼児期における楽音の音高識別力について－評定方法の再検討－」『発達心理学研究』第20巻，第2号，pp.198－207.

吉富功修（1983）「幼児の歌唱可能声域の研究－課題曲を用いて－」『愛媛大学教育学部紀要　第Ⅰ部　教育科学』第29巻，pp.257－265.

Ⅱ　音楽的指導の基本的な考え方

1　指導計画の立案とその考え方

（1）　指導計画とは

　文字どおり，どのように指導していこうとするかの計画である。教育機関で行われる教育は，一定の計画に基づいて行われる。それは，基本的な方針といった大きなものから，これに沿って立案される年間や月間の計画，細かくは明日の活動をどう組んでいこうかというもの，さらに目の前の子どもにどう働きかけようかという一瞬の判断まで，ある意味で指導計画なのである。

　一般には，2ないし3年間にわたるそれぞれの幼稚園の基本的な「教育目標」を置き，それに沿って学年ごとの年間指導の目標と計画が設定される。この中には，年間の教育週数や学期や期の区分とそれぞれのねらい，行事の実施日程等が盛り込まれる。このような教育の大綱を示した計画を「教育課程」と呼んでいる。幼稚園教育要領は，このような幼稚園独自の教育課程を編成する上での基準として示されているものである。さらに，学期やいくつかの「期」，あるいは「月」ごとに分けて，その時期にふさわしい幼児の生活のようすを考えた目標を立てて作られるのが，一般に「年間指導計画」と呼ばれるものである。

　これを受けて，実際の活動や環境の設定等を，幼児の実態に合わせて計画することが，週ごとや日ごとに（週案・日案・保育指導案）立案されて具体的な保育が構想されるわけである。これらの教育計画を総称して指導計画と呼ぶ。

（2）　音楽的表現活動の指導計画の考え方

（1）　自主的な遊び活動と援助

　前の章で述べたように，幼稚園の教育は「環境を通して」行われ，「遊びを通じて」展開されるものである。本来，幼児が「自ら遊ぶ」ということが果して「指導」の対象になり得るのだろうか。まして計画を立てることは可能なのだろうか。

　幼児教育では「援助」と呼ばれる指導が行われる。これは活動の主体である幼児が，自ら望む活動を選択し展開する"遊び活動"を大切にしていこうとする姿勢を表わした用語だといえる。すなわち，適切な環境の中で仲間と遊びつつ目的（どのように遊びたいか）に向かっていくのを，さまざまに支えていくような指導をこう呼ぶのである。同時に，保育者が彼らの遊びについて，どのように発展したり変化したりすることが「ねらい」に照らして望ましいかという，活動への「願い」をもつことも大切で，そのことからどのように援助できるかを工夫することにもなる。ここにはひとつの定形的な方

法があるわけではない。

　自由で自発的な活動を見守り，これを豊かに発展させることの重要性が指摘されているが，それにはどのようにして計画を立てることができるだろうか。

　子どもは，面白いことを繰り返し楽しもうとする。その面白さは遊びそのものの特徴であり，遊びの「仲間」との関係であり，遊びに使う「物」によったり，遊ぶ「場」によることもある。条件が整えば，明日もそれが繰り返されることは予測できる。そこで，条件をより良くすることによって発展が見通される。「物」を少し豊かにしたり，不要なものを除くとか，「場」を作り易くしたり，周囲から見えるようにするなどの工夫が，保育者の予測的イメージによって用意されるのである。このイメージを抱くこと，そこに願いを込めることが，保育における指導計画だといえよう。

　そのために必要なのは「今日の遊びの様子」をよく知ることである。だれがどこで，だれと何をしていたか，何を楽しんでいたのか，などである。このような「幼児の実態」を理解すること，さらにそれを分析し，考察を加えることを「評価」と呼ぶ。これらを思い出して計画を立てるには，記録を残すことが必要であり，有効である。メモを文字に表わすことで理解が具体的になったり，逆に理解の不十分な部分が浮き彫りになる。点のようなメモをつないで，一連の幼児の活動を再現する（思い出す）ことがどこまでできるかによって，有効な記録になっているかを判断することもできる。

　こうした情報に基づいて明日を予想し，物的な環境を整え，援助の計画を立てる。当日，その予想の通りに子どもの活動が展開されるだろうか。ある部分はその通りでもほかは違う，ある幼児は思いがけない行動をとる，といった「予想とのずれ」が生じるのが普通である。これらを再度記録して考察し，次の日へ向けて「ずれ」の修正を繰り返しながら，ねらいの達成を目指す。このような連続的な営みを通して，幼児の理解が確かなものになっていくと考えられる。次のような流れを繰り返す中で，分析的な見方と反省的思考を心がけることを理解したい。

　　実態の読み→向かわせたい方向→手だて→ねらいとのずれ
　　（評　価）　（ね　ら　い）　（援助）　（評　価）

(2)　音楽的な表現の理解と援助

前述のような幼児の理解の中に，音楽的な活動を見いだしてみたい。遊びの中で，ブランコの交代までや，縄跳びの回数を唱えるような場合をよく観察すると，音程のある「歌」になっているのが分かる。そこにはリズムの規則性も見いだされる。これは初期の「わらべうた」である。次の例の他に，「わらべうた」の項（p.49）や

「オルフの音楽教育」の譜例（p.56）なども参照されたい。

　また，始めの項で述べた例のブランコのきしむ音とその楽しみとの関係，容器に何かを入れて揺り動かす音，棒などで何かをたたいたり，擦ったりするときの音，風が木の枝をゆする音，霜柱を踏みしめる音など，子どもが音と出会い，これを楽しんでいる姿にも注目したい。これらは遊びの際に偶然発生する（発見される）ものであるが，他に，ある程度意識的に音遊びや音作りをしていると理解されるものも見うけられる。幼児が「音」を楽しみ・味わいながら自ら「遊び」を展開していると考えることができる。これは明らかに「音楽的な遊び」ないし「音楽的な表現活動」である。

　われわれは，このような幼児の姿に，どのような意味を与えることができるのだろうか。ここで述べたような「音」との出会いなどは，幼児自身も「表現」として意図的に行っていない場合が多い。見落とせばその場限りで終わってしまうだろう。その面白さに，われわれ自身が敏感でありたいのである。「面白い音だね」という一言の共感が示されるだけで，その音とのふれ合いは意識化される。保育者がこれに加われる場合もある。他の音を加えることの可能な場合もある。魅力が意識されることで活動が継続されたり，さらに音を見つけようという関心に結びつくかも知れない。

　音の種類によっては，その音源を保育室に持ち込んで，他の幼児に紹介したり，その音を絵本の読み聞かせの中などに使う工夫もしてみたい。音を意識するということは，逆に音のない状態や，小さな音や声に注意を払って感じ取ることにも通じるような意味をもつ。

(3)　一斉的な活動と指導計画

　ある曲をみんなで歌おうとか，合奏するということも必要な，有効な活動で，それを楽しむことが，幼児の自発的な表現活動に結びつくことも"ねらい"としたいものである。そのためには，どのような教材の提示が有効であるのか，無理なく活動を引き出して，これを高めるためにはどうすれば良いのか，といった指導方法の研究は大いに役立てられなければならない。

　従来はこのような保育者側の計画が多すぎたとされる。だからといって，今後はそうした計画が不要だというわけではない。十分に吟味された有効な計画の中で，系統的な経験を積むことができるよ

うにする工夫は，これまで以上に整理される必要がある。

　ただ，ここで注意したいのは，一斉的に展開する活動も，「遊び
を通じた総合的指導」という幼稚園教育の基本的な姿勢にそって計
画が進められなければならない，ということである。そこで取り上
げる教材が幼児のその時の感情にふさわしいものであったり，その
時期の理解などに無理のないものであることが，楽しい経験として
子ども達の「またやりたい」活動となるだろう。"楽しいはずだ"
という保育者の考えが，子どもからの「もうあそんでもいい？」と
いった発言で，そうでなかったことが分かるようなことも，実はよ
く見られることなのである。帰る前にいつも同じ歌を歌って，一体
何を楽しんでいるのか理解に苦しむような光景も少なくない。当然
ながら音楽的な特徴や，彼らの経験の積み重ねから，無理なく参加
できるものであるべきことはいうまでもない。

　よく見かけるコーナー遊びの一つに「楽器コーナー」での表現活
動がある。CDプレイヤーや楽器が用意され，曲に合わせてリズム
を刻むような姿である。こうした活動をよく観察すると，彼らのこ
れまでの音楽的な経験を推測することのできる場合が多い。すなわ
ち，楽器の特徴が理解されていたり，音の組合せを工夫しようとす
る姿から，それはその場での即興的な表現であっても，過去の経験
の再構成であると考えられるからである。また，こうした姿から，
どのような一斉的活動を次に位置づけるかという計画を考えること
のできるケースも少なくない。

　一斉的な活動の計画と，幼児の自由な遊びの中の音楽的な実態を
関係づけることをていねいに進めたい。教師の用意する活動が，幼
児の実態からの情報を参考にして計画され，そのインプットが，ど
のように幼児の遊びの中にアウトプットとして反映されるかを観察
する。そのことが次の活動の計画に生かされるといった流れを形成
していくように心がけたいものである。

（4）　表現活動の質的な充実

　先に述べたように子どもは，面白いことを繰り返し楽しもうとす
る。その面白さを支える魅力の一つに質的な問題がある。

　どのような活動が，質の高い表現なのであろうか。それは決して
難しい高度な演奏などを指すものではない。それは，幼児自身が，
自分の表現行為を通じて，心を動かされる楽しい経験の積み重ねで
あり，ある程度の達成感を得られるようなもの，と考えたい。音楽
的に「格好いい」ことへの憧れは幼児ももっている。「できた！」
という気持ちを味わえるような表現である。それが前項で述べた，
適切なインプットの表われであって欲しいのである。

　子どもは，自分たちが出した音の自己評価をしているのである。

　ある5歳児の事例では，楽器を持ってテープレコーダーを囲んだ3名の幼児が床に座り，音楽に合わせて音を出し始めたが，ただやかましく連打する状態になり，アッという間にやめてしまった。面白いといえるものではなかったし，それが活動を成立させなかった主たる原因であろう。なぜならば，別の4歳児の事例では，同じ曲の分担奏が，5名の男児のコーナーで10分近くも展開されたのを見たからである。質的に貧弱な経験しかしていなければ，それ以上のあこがれを抱くこともできない。彼らなりに満足のできる情報として，教師の用意する活動の意味が問われると考えさせられる。

（3）　幼児期に育つもの・育てたいもの

　以上のような指導を通じて，幼児期の音楽的な表現活動では，何を育てようとするのか，何が育つのか，を考えておく必要がある。

　幼稚園教育要領の領域「表現」は「感性と表現の領域」とされる。感性とは，一般的には，カントによって区分された人間の認識能力の一つとされ，悟性や理性を加えてその全体をなすものと定義される。また，感性は直感の能力だとされる。いずれにしても，感性は一つの能力であり，これが「表現」という行為を通じて幼児期にふさわしい発達をとげることをねらうものとして示された領域だと理解される。

　しかしその能力は，幼児教育において，指導や訓練を通じて一定の水準を目指すものではなく，幼児が楽しく活動する中で，しだいに獲得されるものであることは，これまでに述べたとおりである。

　音楽的な能力についての研究は，まだあまり長い歴史をもたないが，その中で行われた検査の方法は，主に学齢以降の者を対象としている。またその内容は，音楽の専門家に求められる能力の要素などを含めたものが多い。しかし，最初の標準化されたテストの作成者として名高いシーショアが，基本的感覚能力を　①高さの感覚　②強さの感覚　③時間の感覚　④音色の感覚　の4つに分けている点には学ぶべきところがある。

　幼児期が音楽的な感覚を含めて，多くの感覚を急激に獲得する時期であることからも，われわれは，幼児期の感性として求められるところを，このような音楽的な感覚を豊かに身につけることと理解するのが適切であろう。領域の全体で見るならば，「音，形，色，手触り，動きなど」にわたる感覚の育成を目標とすることだといえる。歴史に残る音楽家の才能が，早い時期に発現していることは，モーツアルトなどの逸話で有名である。確かに，音楽の才能は他の芸術のジャンルに比べて早期に現れるものだと考えられている。また，絶対音感（今日ではあまり必要ないという意見が主流であるが）などの感覚も，ある年齢以降は獲得されないことが知られている。

　それでは，幼児期という年齢の段階が感覚の発達という点でどのようなものであるのか，まとめてみよう。

　音楽心理学の梅本堯夫は，音楽的能力はその定義そのものが必ずしも一定しないという前提の上で諸説を紹介し，その知能や遺伝的要素，民族差などがいずれも決定的なものでないとし，これが環境と学習に負うところの大きいことを指摘している。そして，天才的作曲家がおおよそ「6歳から13歳ぐらいまでにすでにその才能が注目されている」こと，一般の音楽的だと思われる人々の調査結果から，音楽的に「5，6歳までに才能の発現する場合が一番多い」ことを紹介し，「5歳のところに最大のピークのあるのは事実であり，5歳という時期の重要性も看過できない」としている。R．シューターは，その著書「音楽才能の心理学」の中で，音楽に合わせて歩くテストの得点が，「2歳では41.8，3歳で56.3，4歳で82.3，5歳で97.5」であり，成人の平均は174点という結果を紹介している。また，速さに合わせて拍を取るテストでは，「それができなかったのは，3歳児のおよそ75％，5歳児では25％，6歳児ではほんの4％だけであった」という。幼児期の感覚の成長を知る上で貴重なデータである。

　以上のように，幼児期が音楽の基礎的な感覚の獲得の上で重要な時期であり，それらの感覚は，この時期に適切な環境と活動を与えられることで，十分に期待されるものであることを理解しておきたい。例えば，みんなといっしょにうたう活動では音高感や速度感，さまざまな音との出会いや楽器の経験などは音色感，リズムにのるようすから時間の感覚，合奏のときの楽器の音の大きさからの音量のバランスなどが，具体的に評価されるものであろう。こうした要素的・分析的な評価を常に心がけることは，次の活動や，それにふさわしい環境の構成を知るうえでの有力な手がかりとなる。

　こうした視点をもって，指導の計画とその実際，これに対する適切な評価をすることが，無理のない子どもの音楽的表現を育成するものだということができよう。

〔参考文献〕

梅本堯夫　「音楽心理学」　誠心書房　1966

R.シューター　「音楽才能の心理学」貫行子訳　音楽之友社　1977

2　音楽的表現の実際　― 事例から学ぶ ―

（1）友達とかかわり音楽を楽しむ

　保育の遊びや生活の中では，歌ったり，音楽に合わせて身体を動かしたり，音を鳴らしたり，じっと聴き入ったりと，多様な子どもの音楽的表現が見られる。ここで取り上げるのは，いずれも自由な遊びの時間に，音や音楽を介して互いにかかわり合いながら生まれた，子どもの自発的な音楽的表現の事例である。これらの事例をもとに，子どもがかかわり合うことで生まれる遊びを，音や音楽という視点から捉えたい。

事例1　身体を動かして歌を楽しむ（2〜3歳児2月）

　保育室で立っているA児（3歳，女）と，少し離れたところで座っているB児（3歳，女）が《チョキチョキダンス》[注1]のはじめの部分のみ（「ラララみぎて」）を繰り返し，リズミカルに2人で歌い始める。すると，その楽しげな雰囲気に惹かれた様子でC児（2歳，男）とD児（2歳，女）が集まり，A児の前に向かい合って並んで立つ。A児とB児の歌に合わせてC児が笑顔で手を叩くと，それにつられて隣にいたD児も，手を叩き始める。その様子を見ていたE児（3歳，男）は，A児に笑顔で近寄り，並んで歌い始める。B児と向かい合って座っていた保育者も，一緒に手を叩き始める。A児は，C児やD児の動きにつられて，自らも膝を屈伸したり，ジャンプしたりして身体を動かしていく。A児の隣にいたE児もまた，歌いながら楽しそうに膝を屈伸し，B児が歌の途中で立ち上がり，E児の隣に立って歌うと，身体を揺らす。

注1）《チョキチョキダンス》
作詞：佐倉智子，作曲：おざわたつゆき

　リズミカルな歌をA児とB児が歌い，その楽しげな雰囲気に惹かれてC児とD児が手を叩き，さらにE児も笑顔でやってきたことで，歌っている子どもと聴きながら手を叩いている子どもが共に楽しむ場となった。A児は，はじめは歌だけ歌っていたが，C児やD児の手の動きに合わせて膝を屈伸したり，ジャンプしたりするようになった。またE児も，A児と並ぶと，膝を屈伸したり，身体を揺らしたりしながら歌っていた。B児も最初は座っていたが，歌の途中で立ち上がって，E児の隣で歌った。つまり，最初はC児やD児がA児たちの歌に合わせて手を叩いたが，今度はA児やE児が，C児やD児の手の動きにつられて自然と身体を動かしたり，B児も立ち上がったりした。このように，歌っている子どもと聴いている子ども，それぞれの子どもが歌を通して気持ちを通わせ，共にかかわり合うことで，この場が形成されていったと言える。

事例2　偶然生まれた音をきっかけに遊びが広がる（2歳児3月）

　保育室の木のテーブルに座っていたF児（女）とG児（男）が，テーブルの真ん中に置いてある紙の箱の蓋を，円柱の積み木でトントンと叩いている。2人はお互いを見て，笑い合いながら叩き続ける。その様子を見ていたH児（女）も，積み木を右手に取り，箱をトントンと叩き始めるが，座っている位置からは箱が遠く，叩きづらそうであった。するとH児は，箱の代わりに，自分のすぐ目の前のテーブルを叩き始める。その音は，カーンカーンというように，箱を叩く音よりも大きく，保育室中に甲高く響き渡った。H児が出す音に気づいたG児は，自らもテーブルを叩き始めると，その場にF児も加わり，3人でテーブルを叩く。F児はテーブルを少し叩くとすぐにやめるが，G児とH児は箱やテーブルを叩き続ける。

　子どもたちは，積み木を持って紙の箱と木のテーブルという材質が異なるモノを叩いたが，そこから鳴る音は，音量や響き，音の高さの点で異なっていた。テーブルを叩く音は，「カーンカーン」と箱を叩く音よりも音量が大きく，甲高く目立つ音色で，よく保育室中に響き渡った。今回はF児とG児が箱を叩き，それを真似したH児が自分のすぐ目の前のテーブルを叩いたことで偶然異なる音が鳴り，その音の違いから遊びが生まれた。つまり，音の違いに気がつき，相手の音を聴きながら繰り返し鳴らすことで，このような楽しい遊びが見られたと言える。偶然見つけた音の違いに面白さを感じ，それを何度も繰り返し楽しんでいる。

事例3　歌の絵本の世界を楽しむ（2～3歳児3月）

　《ふうせん》の歌の絵本[注2]を見ながらI児（3歳，女）が歌い，隣でJ児（3歳，女）は座って聴いている。保育室の掃除が始まり，2人は場所を移動する。再びI児が歌い始めると，その様子に気づいたK児（2歳，女）は，I児の前に近寄る。一緒に遊んでいたL児（2歳，女）も来て，その隣に座る。I児は絵本を見ながら歌うが，K児やJ児も時折見て，先程よりもいきいきと歌っている。I児は絵本の最後のページまで歌うと，「おーしーまい」と言って絵本を閉じる。すると，K児はもう1回歌ってほしいというように右手の人差し指をI児に向けて立てる。I児は再び絵本を開くが，J児は立ち上がり，この場から離れる。K児もL児に誘われ歩き始める。3人がいなくなり，I児は1人になったが，再び絵本の最初から歌い始める。その歌を聴いたK児はI児の前に戻ってきてしばらくすると座る。その後，K児の隣にL児も座

注2）これは《ふうせん》（作詞：湯浅とんぼ，作曲：中川ひろたか）の歌をもとにした『うたってあそぼ2　ふうせん』という絵本である。6色の「ふうせん」が順に登場し，「きいろいふうせん」は「きいろいちょうちょ」というように，それぞれの色のイメージに合った絵が描かれている。また，「ふうせん」の絵を模した音符や休符で《ふうせん》の歌の楽譜も掲載されている。

る。Ｉ児は「あかいふうせん」のページまで歌うと，「ピンクみ
たいじゃない？これ」と，楽譜に描いてある「ふうせん」の絵を
指さして２人に問いかける。すると，そこにＪ児も戻ってくる。
次にＩ児は「あおいふうせん」のページを見て，明るくのって歌
う。Ｉ児はしばらく歌っていると，「みどりのふうせん」のペー
ジに描いてある「あおいことり」の絵を「わー！」と驚いたよう
に言いながら指さす。Ｊ児は身を乗り出し，「わー，ほんとだー」
と嬉しそうに言う。

　　Ｉ児が歌の絵本を見ながら歌い，その周りに次々と子どもたちが
集まったことで楽しむ場となった。Ｉ児の歌を聴いたのはＪ児，Ｋ
児，Ｌ児の３人であったが，特にＫ児はＩ児の歌に非常に関心を示
していた。Ｌ児と遊んでいてもＩ児の歌が始まればそこに行き，じ
っと聴き入っていた。この事例でＩ児は，歌の絵本を見ながら何度
も歌ったが，最初は絵本のページを見て，聴いている子どもたちの
ことをあまり意識していない様子であった。しかし，Ｉ児が歌って
いる間，子どもたちが聴き続けていることで，その歌い方が変わっ
ていった。さらに，絵本の絵に関してＫ児たちに問いかけたりする
など，次第に聴いている子どもたちを意識し，自らかかわっていく
ようになった。つまり「自分と絵本との対話」から「絵本を介した
自分と聴き手との対話」に変化したと考えられる。歌っている子ど
もにとって，聴いてくれる子どもの存在は大切で，共にかかわり合
いながらこの場が形成されていったと言える。

まとめ

　　子どもの音楽的表現と聞くと，保育者のピアノに合わせて一斉に
歌を歌う，楽器を使って合奏するといった音楽活動を思い浮かべる
人が多いのではないだろうか。しかし，子どもは遊びや生活の中で，
音や音楽を介して楽しみながら友達とかかわっており，それらも音
楽的表現と言える。事例１では，歌っている子どもたちも，それに
合わせて聴きながら手を叩いている子どもたちも全員が気持ちを通
わせていた。そこでは嬉しいという気持ちが共有され，この場が盛
り上がっていった。事例２では，子どもたちは，自分が叩く音を聴
きながら相手の叩く音を聴くことに楽しさを感じたり，箱とテーブ
ルという音の違いにも面白さを感じたりしていたと考えられる。事
例３では，Ｉ児の歌を通して，この歌の絵本の世界をその場にいる
子どもたちで共有し，楽しんでいたと言える。このような自発的な
音楽的表現の中で生まれた，子どもの楽しい，嬉しいという気持ち
を受け止め，そして何より，その気持ちを友達と共有しながら表現
する，子どもの育ちの部分を見守ることが大切である。

［参考文献］

※下記文献で取り上げた事例
を，本書の執筆にあたり加筆修
正した。

渡邊佐恵子（2019）「保育の場
　　での２歳児のかかわりから見
　　られた音楽的表現について」
　　『お茶の水音楽論集』第21号，
　　pp.67-83.

渡邊佐恵子（2021）『幼児の音
　　楽行動から構築される「音楽
　　の場」－「歌い手」と「聴き
　　手」の相互のかかわりを中心
　　に－』お茶の水女子大学2020
　　年度博士学位論文.

［絵本］

湯浅とんぼ（作）・森川百合香
　　（絵）・中川ひろたか（作曲）
　　（2003）『うたってあそぼ２　ふ
　　うせん』アリス館.

（2）保育者も音楽を楽しむ

　手遊びや歌など，子どもが音楽的表現をする場面には保育者も一緒にいることが多い。ここでは子どもと共に音楽的表現を楽しむ保育者に視点を当て，子どもの姿と保育者の援助について考えてみる。

事例4　手遊びの「間（ま）」を楽しむ（4歳児5月）

> 　降園前，ほとんどの子どもが保育者の周りに集まってきている。保育者は「みんなが揃うまで少し遊んで待っていよう」と言い，手遊びを始める。《はじまるよはじまるよ》の手遊びを始める。「1と1で忍者だよ，ニン！」の「ニン」の場面で保育者は胸の前で印を結び，片目をつむり，子どもたちの方を見回す。子どもたちも保育者の真似をして印を結ぶ。時間にして3秒程の間を空けて2番を始める。「2と2でカニさんだ，チョキン！」の「チョキン」の場面で，保育者は両手の指を2本ずつ立てて，「チョキチョキチョキ…」と横に揺れる動きをする。それを見た子どもたちも同じように動いたり，隣の子どもに向けてハサミで切る真似をしたりする。5秒程その動きを楽しんだのを見て，保育者は3番を始める。

　多くの手遊びには遊びの要素が含まれている。決まった流れをそのまま単調に繰り返すのではなく，この保育者は所々に「間（ま）」を設けながら子どもの様子を見たり，その間の中で遊んだりしている。手遊びを「集まった際に子どもを静かにさせる道具」として捉えるのではなく，手遊びをしているその時間も1つの遊びの場と捉え，子どもと保育者がつながりを感じられるようにする必要がある。手遊びそのものが持っている面白さを十分に味わえるようにしたい。

事例5　子どもに合わせて手遊びを調整する（4歳児6月）

> 　集まった際に，保育者が《キャベツの中から》の手遊びを始める。胸の前で組んだ両手から「ニョキッ」と指を立てる場面が，親指から小指まで順に増えていく。親指から中指までは，歌とほぼ同じテンポで指を立てるが，薬指を立てる場面では少しテンポを落とす。薬指を立てる時には難しそうに立てながら，子どもの方も見渡す。なかなか薬指が立たない子どもや，中には思わず小指まで立ててしまう子どももいる。みんなが薬指を立てられたことを確認し，続きを始める。

　手遊びはその名の通り手を使った遊びがほとんどだが，多くの子どもたちは保育者と同じように器用に指を動かすことができるとは限らない。手遊びの中にはその難しさを楽しむような手遊びもある。

　そのような場面では，取り組んでいる子どもの様子をよく見て，面白がっている姿や少し難しいと感じている姿に合わせて，ゆっくりにしたり一旦止めたりするなど，変化をさせながら手遊びの面白さを感じられるようにしたい。

事例6　歌のイメージを視覚的にも理解する（4歳児11月）

　集まって《世界中の子どもたちが》を歌っている。紙芝居のように歌詞を表現した絵カードが用意されている。保育者がピアノを弾くため，その絵カードをめくる役を2人の子どもが受け持っている。歌詞が変わる場面で1人の子どもがめくりもう1人に渡すと，その子どもが台に順番に重ねていく。

　字を読める子どももいればそうでない子どももいる。そのような中，歌詞を覚えて歌うことには時間がかかる。文字による歌詞カード以外の方法としては，絵で示すという方法もある。歌の持つ世界観を視覚的に理解することができ，子どもにとっては耳から聞いた歌詞を視覚的に捉えることが可能になる。歌を導入した初期は絵カードを保育者がめくりながら伴奏なしで歌い，ほとんどの子どもが歌を覚えてきたら伴奏をつける方法もある。その際に，保育室に貼り出しておいたり，カードをめくる役を子どもに任せたりするなどすれば，子どもは安心して歌うことができる。

事例7　その日その時に生まれる楽しさ（4歳児11月）

　《世界中の子どもたちが》の最後には「ラララ…」を繰り返す箇所[注3]がある。楽譜では2回繰り返して終わるよう指定されている。この日保育者は，2回繰り返した後，終わったかのように見せかけてもう一度伴奏を繰り返し始めた。子どもたちは「え？」と言う表情をしたがすぐに笑顔になり，みんなでもう一度「ラララ…」を繰り返した。終わりの場面で，保育者はまた繰り返しの伴奏を弾いた。子どもたちは「えー？」と言いながらもすぐに歌を歌い始めた。「ラララ…」の繰り返しの中で，自然と身体が横に揺れる子どももいれば，リズムに合わせて歩き始める子どもや，手をヒラヒラと動かしながら踊り始める子どももいた。

注3）『絵本ソングブック1 世界中のこどもたちが【楽譜集】』クレヨンハウス，1992, pp.38-40.

　この保育者は突然何度も繰り返しを始めた。子どもたちは最初は驚いたが，何度も歌う中で次第に身体も動き始めた。「ラララ…」

という簡単な歌詞で，子どもたちも気軽に何度も歌えたことが，楽しみにつながっている。音楽の楽しみ方は楽譜通りに演奏することに限ったことではない。保育者自身が音楽を楽しみたいという気持ちを表現することが，子どもも音楽を楽しむことにつながる。保育における音楽は，その日その時その場で生まれる音楽を楽しむ気持ちが大切である。

事例8　富士山を見に行こう（5歳児2月）

> 　修了式が近づき，そこで歌う《一年生になったら》を歌っていた時のことである。
> 　A児：「富士山に子どもは登れないよ」
> 保育者：「確かに，日本一高い山だから幼稚園の子どもは難しいかもしれないけど，1年生になって大人と一緒なら登れるかもしれないね。」
> 　B児：「先生は登ったことあるの？」
> 保育者：「先生は登ったことはないけど，見たことはある。幼稚園の近くからも見えるよ」
> 　C児：「富士山ってどこにあるの？」
> 　A児：「いつも車から見えるよ」
> 保育者：「Cちゃん見たことないのか。じゃみんなで見に行ってみようか」
> 　次の日，保育者は子どもを連れて散歩に出かけ，園の近所のビルの屋上に許可を取って登らせてもらい，クラス全員の子どもと一緒に富士山を見に行った。よく晴れた日で頂上付近に雪の積もった美しい富士山を見ることができた。その後，子どもたちの意見で，修了式に向けて大きな富士山の壁画を描くこととなった。

　保育で歌う歌は多くの場合保育者が選んで取り入れるが，季節に関連するものや行事に関連するものもある。大人にとっては当たり前の歌詞も，子どもには新鮮なものもある。そのような時に，実際の体験と繋がるような機会を作ってみると，歌う子どもたちのイメージがより具体的になったり，生活や遊びとのつながりの中で新たなアイデアや保育の展開が生まれたりすることもある。

まとめ

　音楽的表現であっても子ども主体を第一に考えることが重要であるが，それと同時に保育者自身が主体的に音楽に向き合いながら楽しみ，その姿を子どもたちに示すことが重要である。そのためにも，保育者は技術的な面だけでなく豊かな感性や表現力，さらには遊び心などを身に付けていく必要がある。

（3）子どもが楽器を楽しむ

　楽器は，自らの声を用いる歌唱や，手や足を鳴らすリズム表現とはまた違った新たな音・音楽の体験を可能にする。子どもの音楽的表現は，楽器と出合いかかわることで，より広がり豊かになっていく。保育で使われる楽器は，タンブリンや鈴など様々なものが用いられる。ここでは，子どもが楽器とかかわっている事例をもとに，そこで求められる指導について考えていく。

事例9　身体を動かして楽器を楽しむ（4歳児10月）

> 　4歳児クラスの保育室に楽器遊びコーナーが設けられている（写真参照）。巧技台のステージ（左）と客席（右）の間には，飾りのついた仕切りがある。CDプレーヤーからは，子どもが好きな曲やリズムをとりやすい曲が流れている。子どもたちは，好きな楽器を持って，ステージの上やその前で曲に合わせて自由に身体を動かしながら楽器を鳴らす。保育者もまた楽器（タンブリン）を鳴らして，一緒に楽しんでいる。
> 　A児（女）が《山の音楽家》の最後（「いかがです」）でポーズを決めると，客席にいた保育者は「いいねぇー」と言って，そのポーズを真似る。《ミッキーマウスマーチ》では，保育者もB児（女）とC児（男）と一緒にステージの上に立つ。タンブリンを叩いていたB児（女）が，右足を左前に左足を右前に出して交互にステップを踏み始める。それを見た保育者は「いいねぇ，Bちゃん足！」と声をかけ，同じようにステップを踏む。

　子どもは興味や関心をもった環境に対して自らかかわっていく。楽器もまたそのような環境の1つである。この事例では，楽器が用意されているだけではなく，ステージと客席があり，場にふさわしい曲も流れていて環境の工夫がある。また保育者も一緒になって楽器を鳴らして，楽しい状況をつくっている。これらのことが，子どもたちの主体的な楽器で遊ぶ活動を生み出している。A児もB児も直立不動で楽器を鳴らすのではなく，身体を動かして表現している。このような子どもから出る自然な表現に保育者は気付き，受け止めて，真似することで一緒に楽しみ，共感的にかかわっている。

事例10　音色の違いを楽しむ（5歳児11月）

> 　5歳児クラスでは，劇発表に向けて，各場面に合う効果音を数種類の楽器や音の出るモノで作っている。そのような中，知り合いの先生が良い音（楽器）を持ってきてくれたとして，保育者からクラス全員に紹介されることになった。その楽器の1つがマラカスであり，クラスで使っているそれとは異なるものであった。紹介されたマラカスは2種類（丸型と卵型）で音色が異なる。保育者が子どもたちの前でマラカスをそれぞれ振って音を聴かせると「音が違う」と子どもたちは口々に答える。A児（女）は，「こうやったら素敵なんじゃない？1個ずつ持ったら」とマラカスを振る真似をしながら提案する。保育者は丸型と卵型のマラカスをそれぞれ持って右のように鳴らす。それを聴いたB児（男）は「おー！めちゃくちゃいい音楽になった！」と驚く。
>
> 卵　丸　丸　卵　丸　　　卵　丸　丸　卵　丸
> （※卵＝卵型マラカス，丸＝丸型マラカス）

　楽器はそれぞれに固有の音色を持つ。1つの楽器から出る音色そのものを経験することも楽しいが，違う音色を組み合わせることで表現は広がっていく。劇での効果音作りは音色の組み合わせを楽しむ活動としても考えられる。この事例では，同じマラカスでも音色が違うことを音で確認している。そしてA児によって音色が違うマラカスをそれぞれ使ったら「素敵」になるかもしれないという提案があった。それを受けた保育者は，A児の言う「素敵」に対して，音色をいかしてできるリズムを実際に鳴らして音楽で答えている。

事例11　友達と音階を鳴らして楽しむ（5歳児1月）

> 　前日，5歳児クラスではグループに分かれて，ドレミパイプ[注4]を使った活動をおこなった。本事例のグループは，保育者（欠席した子の代わり）と共に音階を鳴らすことに成功して喜んだ。この日は，グループ7人全員が揃い，自分達だけで音階奏にチャレンジしている。図のように，音を分担して並び，パイプを片手に持ちもう片方の手で叩いていく。B児は率先して2本を担当して，中心となって遊びを進めている。

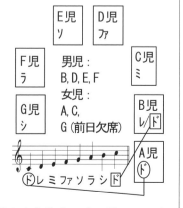

E児 ソ　D児 ファ
F児 ラ　男児：B, D, E, F　女児：A, C, G（前日欠席）　C児 ミ
G児 シ　B児 レ/ド　A児 ド
ドレミファソラシド

注4）ドレミパイプは，手や床などを叩いて音を出すポリエチレン製の楽器である。パイプの長さにより音の高さが異なり，複数人で分担して演奏ができる。なお，ドレミパイプはブームワッカー（Boomwhackers）の日本名である。

　自分の順番で入れなかったり，早く叩いたり，2人同時に叩いたりなどしてなかなかうまくいかない。メンバーが失敗しても，厳しく責め合うことはなく，笑い声が聴こえ楽しい雰囲気である。全員が成功に向けて意欲的でもある。音階の中で特に難しい箇所がB児による最後のドの音である。B児はドのパイプを股に挟んで構え，レを叩いた後に，ドに持ち替える。ミ，ファ，ソ，ラ，シの短い間に持ち替えるが，それが間に合わなかったり，レの音を床に落として音が鳴ったりしてうまくいかない。B児によるパイプの持ち替えがうまくいくかどうかを全員で楽しんでもいる。6回目にほぼ成功すると，B児は「でもちょっとだけうまくいってたよー」と言い，F児は「ぎりぎりセーフ」と答える。その後もチャレンジして，15回目にB児はレのパイプをそっと床に置けるようにもなった。そしていよいよ16回目のチャレンジで，ドレミファソラシドの音階ができると，皆でジャンプを繰り返して喜び，歓喜の声をあげる。

　複数人で分担して1つの音楽を完成させる楽器がある。その代表はミュージックベル（ハンドベル）であるが，現在ではドレミパイプという楽器も普及されつつある。順番にドレミファソラシドを叩いていくと，音階という音楽が生まれる。どれか1音欠けても音階にはならない。力を合わせて音楽を作ることができる楽しさがある。

　この日，子どもたちは何度も音階奏にチャレンジしている。これは保育者に指示されて練習としてやったのではなく，自分達で進んで始めたものである。この背景には，前日に音階を奏でたことがとても楽しく，この日はグループのメンバーだけで成功させたいという気持ちがあったのだと考えられる。分担して音階を奏でるという音楽の楽しさの経験が，子どもの音楽的表現の意欲につながっていると言える。

まとめ

　保育の基本は遊びを通した総合的な指導であり，楽器指導においてもそれは当てはまる。正しい奏法や曲のリズムパターンを教えるよりも，まずは楽器で十分に遊ぶことを大切にして，音・音楽への興味・関心を高めることが求められる。動きながら楽器を鳴らすことの楽しさ（事例1），音色の違う楽器を組み合わせることの面白さ（事例2），複数人で分担して音楽をつくっていく過程の楽しさと達成感（事例3）がある。このような子どもならではの楽器とのかかわり方やそこでの経験の積み重ねが，『幼稚園教育要領』等に示される「簡単なリズム楽器を使ったりなどする楽しさを味わう（傍点筆者による）」ことにつながっていくのだと考えられる。

［参考文献］
文部科学省（2017）『幼稚園教育要領解説』フレーベル館.

3　わらべうた

（1）　わらべうたは生きている

　「わらべうた」を漢字に変換すると，「童歌，童唄，わらべ歌，わらべ唄，童謡」などになる。どれも子どもの歌という意味において大きな違いはないが，遠い昔から伝承されてきた「わらべうた」には，これを分けて区別する意味がある。最後の「童謡」などは「どうよう」と発音され，作曲家が子どものために書いた作品を指すことが普通で，「赤い鳥」に象徴されるような「大正童謡運動」が生んだ多くの童謡を指すことが多い。こうしたことを考えて，私どもは「わらべうた」とカナ表記するのが適当ではないかと考えている。では「わらべうた」とは何かを規定してみたい。小島美子は講義資料の中で，「わらべ歌とは」として次のように述べる（部分）。
・子ども達が毎日の生活の中で歌っている歌。とくに遊びの中で歌っている歌。
・作者や編曲者を誰も気にしないで忘れてしまう歌。
・今も全国の子ども達が毎日毎日，歌うという意識さえなしに歌っている歌である。
　子どもの遊びとともに歌われる歌で，歌っていることをほとんど意識しない，昔から伝承されてきた子どもたちの文化ということができる。最も単純なものは，ブランコの交替まで待つ時や，縄跳びの回数を数える，玉入れの結果判定まで，紅白共に球数を数える声などが典型的である。良く聞くと2つの音で唱えるメロディーになっていることに気づく。これは誰も，歌っていると意識せずに歌っているものの典型である。もう少し遊びという意識を持って行われる例は，《おせんべやけたかな》とか《だれにしようかな》があり，これらは半音ではなく全音（長2度）という音程で，いずれも上の音で終わるのが自然である。
　次ページの「わらべうたの分類」を複数の人と話し合いながら，進めていくと多くの項目に該当する「わらべうた」を思い出すことができる。「かずをかぞえる」でも，《にーしーろーやーとう》だと3つや4つの音を歌っていることに気づくだろう。
　「いーけないいだ，いけないんだ」などの「わるくちうた」，「へのへのもへじ」の絵かきうた，「あんたがたどこさ」のまりつきうたなどは多くの人の記憶に鮮明ではないだろうか。表の次に引用してある「コックさん」も，部分的に替えられながら広く行われているし，各種のジャンケン，「お手合わせ」もよく遊ばれている。「ちょちちょちあわわ」や「あがり目，さがり目」などは「からだあそび」に分類され，「おなべふ」，「ドレミ」などは知る人も多い。

わらべうたの分類

小泉文夫編「わらべうたの研究」（1969年）より

0 となえうた	1 絵かきうた	2 おはじき ・石けりなど	3 おてだま ・はねつきなど	4 まりつき
00. 数をかぞえるうた	10. 字（文字，数字）のみを用いて書くもの	20. おはじき	30. おてだま―空中にほうりあげる（1人）	40. 基本形型
01. かぞえうた	11. ものの形によって書くもの	21. 石けり	31. おてだま―空中にほうりあげる（1人）	41. あんたがたどこさ型
02. となえうた	12. 字ともののかたちを混合したもの	22. こま	32. おてだま―「おさらい」(下に置いてあそぶ)	42. いちもんめのいすけさん型
03 わるくちうた・はやしことば	13. 字を書きあげるもの	23. かんけり	33. はねつき―1人	43. 基本型を欠く型
04. しりとりうた・頭韻あわせ・もじりうた	14.	24.	34. はねつき―2人	44. さっさ型
05. はやくちことば	15.	25.	35. ふうせん	45. 支那の町型
06. 暗記うた	16.	26.	36. 竹なんぼん	46. リレー型
07. 替えうた	17.	27.	37. 小石あそび	47. グループ対抗リレー
08.	18.	28.	38. けん玉	48. ジェスチャー型
09.	19.	29.	39.	49. 正座型

《コックさん》

・ぼうが一本あったとさ

　①お皿かな

　②お皿じゃないよ　葉っぱだよ

　③葉っぱじゃないよ　蛙だよ

　④蛙じゃないよ　あひるだよ

　⑤6月6日に

　⑥雨がざあざあ　降ってきて

　⑦三角定規に　ひび入って

　⑧あんパン　2つ

　⑨豆　3つ

　⑩コッペパン2つ　下さいな

・あっと言う間に　かわいい コックさん

小泉文夫編「わらべうたの研究」より

5 なわとび・ゴムなわ	6 じゃんけんグー　チョキパーあそび	7 お手あわせ	8 からだあそび	9 鬼あそび
◆なわとび 50. 1人とび	◆じゃんけん 60. 基本じゃんけん	70. 純粋なお手あわせ	80. 指・手あそび	90. 追いかけ鬼
51. 1人とびの追いかけ鬼	61. 手と足以外のじゃんけん	71. 他のあそびに用いられるお手あそび	81. 顔あそび	91. かくれんぼ
52. 順番とび	62. 条件つきじゃんけん	72. グー・チョキ・パーあそびと結合したもの	82. 手と腕あそび	92. ひっこうきあそび
			83. 足・からだあそび	93. 関所あそび
53. おじょうさん型（2人とび）	63. 2グループじゃんけん（リレーじゃんけん）	73. じゃんけん遊びと結合したもの		
54. おじょうさん型（大勢とび）	64. ジェスチャーつきじゃんけん（予備動作の発展）	74. ジェスチャーあそびと結合したもの	84. 手あそびに他の要素が結合したもの	94. 人あてあそび
55. ジェスチャーとび	◆グー・チョキ・パー遊び	75.	85. 階段とび	95. 子もらいあそび（単純なもの）
56. 問答型	65.	75.	85. 階段とび	95. 子もらいあそび（単純なもの）
57. 変形波とび	66. 出せだせあそび	76.	86. 図形とび	96. 子もらいあそび（複合的なもの）
	67. グー・チョキ・パーごっこ	77.	87.	97.
◆ゴムなわ 58. ゴム段とび	68. グリコ・パイナツプルあそび	78.	88.	98.
59. ゴムおもつれ	69.	79.	89.	99.

（2）　わらべうたの音階の特徴

●２音のメロディー：他の国々でも子どもの最初の歌は２音で歌い始められる。ただし，その音程は国によって，民族によって様々である。わが国のわらべうたでは，先にも述べたように長２度の音程で唱えられ。いずれも上の音で終わるという特徴がある。（譜例１）
曲例：《おせんべやけたかな》《いち，にい，さん，しー》

譜例１　　　　　　　譜例２　　　　　　　　　　譜例３

●３音のメロディー：隣り合う３つの音によるわらべうたは，多くの場合，下の音から始められ上の音へ移動し，中央の音で終わるという特徴がある。（譜例２）
曲例：《もう，いい，かい》《石焼き芋の売り声》《チャルメラの節》
●３音による別のタイプのメロディー：初めの核音から完全４度離れたところに，もう一つの核音が現れるタイプがある。この２つの核音に囲まれた音列をテトラコードと呼ぶ。（譜例３）
曲例：《いーけないんだ，いけないんだ》《いついつでやーる》

　ここで述べたテトラコードが２つ重なると１オクターヴの音階ができる。その際，テトラコードの中間音がどこにあるかによって４種の音階の特徴が現れる。さらに，３つの音が並ぶ部分で中央の音が強い終止感を持つために，自然に核音が２種類に整理される。楽器の上などでその節の性格を感じ取って欲しい。

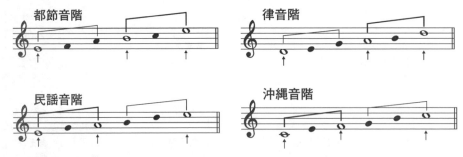

・都節音階：下の核音の半音上に中間音があり，核音の終止感は極めて強い音階である。箏曲の「平調子」と呼ばれる調弦と同じもので，《さくらさくら》などの曲を支える音階である。みやびた感じから，「京都みたい」とか「奈良？」などの感想が受講生から聞こえてくる響きである。数少ないが，わらべうたの音階の例も見られる。

・律音階：下の核音から，長2度の中間音で構成される音階である。明治時代以降の近世邦楽ではあまり使われてこなかった音階で，響きの感じとしては雅楽や神社の祭り音楽，また，仏教音楽の《御詠歌》や朝鮮半島の子どもの歌などに見られる音階であるとされる。その意味で，今日われわれの音感覚では終止感を感じにくい音階である。小学校音楽の共通教材である《越天楽今様》の他，《君が代》の基本音階は「律音階」である。

・民謡音階：「わらべうた」の多くはこの音階に属するもので，最も重要な音階と言うことができる。特に核音を意識して表現に生かすことが重要である。このような音階のそれぞれの特徴を生かして表現する場合，次の項で説明するオルフの考案した楽器が極めて有効である。この楽器の最大の特徴は，音板が自由に取り外せることで，例えば民謡音階にセットしておけば，どこを叩いても一定の雰囲気が保たれる。

（3）　核音の取り扱いについて

　ここまで説明してきた4つの音階は，いずれも5音音階であり，ドレミファ…という西洋音楽の音階（7音音階）とは雰囲気の異なる特徴を持つ。オルフの考案した木琴などの上に，次のような音板をセットして，自由に散歩するように音を出してもらい，「どの音で終わった感じがしますか」と設問したところ，様々な答が出てきた。ある講習では「ソ」（ハ長読み）に手を挙げた人が多く，次に「ミ」，「レ」の順であった。どの音が耳の中で，強く鳴っているかによって，いずれも誤りではないのである。

　上の譜例のようにスタートないし終止の音が入れ替わることによって別の音階として感じ取られるのである。そこで，次のような核音の低音を与えて表現することが必要になるのである。

民謡音階のボルドゥン　　律音階のボルドゥン　　ソーペンタトニックのボルドゥン

　「ソーペンタトニック」とは「ソ」を主音として「ドレミソラ」という階名で読まれる音階である。「ヨナ抜き長音階」とも呼ばれる。実際に楽器で表現して感じを味わって欲しい。

　ボルドゥンと共に同じ音形を繰り返すオスティナートという伴奏
形が一緒に用いられるのが普通である。このオスティナート作りの
際にも核音の使用が大きな意味を持っている。伝統音階による音楽
作りでは，核音で終わる音形が常に安定している。以下の合奏の例
を実際に体験してみて欲しい。

さくらさくら（都節音階の例）

ゆうやけこやけ（民謡音階の例）

（4）　わらべうたの転調

4-1. 民謡音階から別の音階への転調

　わらべうたにも，調の変わるものが見られる。最も多いのは「お
手合わせうた」で，ほとんどのものが「せっせっせーの，よいよい
よい」で始められ，いくつかの西洋音楽の音階につながっていく。
「せんろはつづくよ」，「アルプス一万尺」，「夏も近づく八十八夜」，
「桃太郎さん」，「おちゃらか」等の他，「ミカンの花が咲いている」
などがよく聴かれる。

4-2. 都節音階との転調

　同様に始まるもので，都節音階へ転調するものでは「青山土手か
ら」が印象的であったが，最近の若い人までの伝承は途絶えてしま
ったのであろうか，ほとんど知られていない。筆者が小学校に勤務
していた30年余り前には，遠足などで，電車での移動時に女児が
向かい合って遊んでいたのを思い出す。1行ごとに動作を付けなが
ら，手合わせを続ける遊びである。

　せせっせーのよいよいよい

　青山土手から東の方を見ればね，

　見れば見る程涙がぽろぽろ

　泣いた涙をたもとで拭きましょう

　拭いたたもとをたらいの中で洗いましょ

　洗ったたもとを干しましょ，干しましょ

　干したたもとを込みましょ，込みましょ

　込んだたもとをタンスの中にしまいましょ，しまいましょ

　しまったたもとをネズミがガリガリ

　それ見たお師匠さんが腰をぬかしてドッスン。

　「ことしのぼたんは」は，都節音階で始まり，すぐに「お耳をからげてスッポンポン」で，民謡音階に転調する。「だれかさんのうしろに蛇がいる」から，鬼遊びにつながっている。「ずいずいずっころばし」は，およそ意味の分からない歌詞だが，お茶壺道中という行事を歌ったものではないかと言われる。都節音階で始まり，「ぬけたーら どんどこしょ」から，民謡音階に転調する例である。

4-3.作曲されたわらべうた風の曲

　わらべうたのモチーフをそのまま用いたり，途中に取り入れたり，さらには終止部分に民謡音階を採用するなどして，つくられた曲がいくつかある。多くの人がわらべうただと感じているのではないだろうか。「かくれんぼ」（下総皖一作曲），「たわらはごろごろ」（本居長世作曲），「遠りゃんせ」（本居長世編曲）などがその好例であるし，「かわいいかくれんぼ」のように終止部分だけが民謡音階の例もある。

　これらの転調を伴うわらべうたの場合，先に紹介したようにオスティナートをずっと続けるような編曲は無理であるので，転調部分を意識して編曲や表現をする必要があることを理解して欲しい。

【参考文献】

　小泉文夫編『わらべうたの研究』－楽譜編・研究編－ ©わらべうたの研究刊行会 1969

　小泉文夫『日本傳統音楽の研究1』－民謡研究の方法と音階の基本構造－ 音楽之友社　1960

　井口太監修「オルフ・シュールヴェルクの研究と実践」 朝日出版社　2015

4　オルフの音楽教育

（1）カール・オルフと"オルフ・シュールヴェルク"

カール　オルフ

　カール・オルフ（Carl Orff 1895〜1982）は現代ドイツを代表する作曲家であり，20世紀の世界の音楽教育界に大きな影響を及ぼした教育家である。オルフの教育活動は時代的に大きく二つに分類できる。第一は，1924年にミュンヘンで舞踊家のギュンターとともにはじめた"体操と音楽とダンスの学校（ギュンター・シューレ）"での音楽教育であった。そして第二は，1948年から5年間にわたったバイエルン放送のラジオ番組を通しての活動であり，この二つの教育活動を通じてオルフは，オルフの生涯を通じての協力者であったG. ケートマンとともに"オルフ・シュールヴェルク"という楽譜のシリーズを著した。これらの本は，ケートマンの他，数名によって著されたものである。前半の1930年代のもののいくつかは，"青少年の音楽（JUGENDMUSIK）"というシリーズにまとめられ，後半の1950年以降のものが，ここで説明の中心となる"子どものための音楽（MUSIK FÜR KINDER）"である。この教育が日本に紹介されてから，すでに25年以上が経過しているが，わが国ではその十分な理解と，それによる教育の実践が，必ずしもなされているとはいえない。これからの幼児の音楽的な「表現」を豊かに，しかも自発的なものとしていくのに，学ぶところの多い考え方のひとつである。

『子どものための音楽』第Ⅰ巻
（ドイツ版）

（2）オルフの音楽教育の特徴

（1）　即興的表現の重視とその系統性

　わが国の音楽教育は，これまで主に，でき上がった音楽をいかにじょうずに演奏するか，演奏させるかといったところにねらいが置かれていた。しかし，長い人類の音楽の歴史では，そのときの気もちから即座にメロディーを口ずさんだり，楽器で思いのままに表現したりすることの方が，比較にならない程多い。このような自然な音楽的表現を子どもにふさわしいものと考えたオルフは，子どもが自ら音楽を作りだしていくこと，しかもその音楽は，音楽だけが単独にあるのではなく，ことばや体の動きと結びついたもので，だれもが参加できる音楽であることを理想と考えた。

　即興的表現とは文字どおり，あらかじめ準備することなしに，その場で興のままに表現することである。しかし，日本語での自由な表現のためには日本語を使いこなすことが必要であるように，そこで求められる音楽的の様式や表現の素材について知ることなしに，意図的な表現はできない。そこで，まずごく易しいものの「模倣」

をすることからはじめ，それらを組み合わせて小さな「即興」を無理なく引き出そうと考えられている。ここでは，「リズムの即興の指導過程」を示すことで，その考え方の理解を進めたい。

　①リズムのエコー……一人（教師）のリズムをまねて打つ。

譜例1

　体のさまざまな部分を楽器として，組み合わせて用いる例をいくつか示しておく。

譜例2

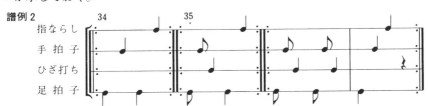

　②リズムの問答……（教師に）与えられたリズムの続きを即興で打つ。はじめての即興の活動である。はじめは，子どもの表現が教師のものより短い場合や，長すぎることも考えられるが，いずれも間違いとはしない。子どもが気づくのを待つことが大切である。

譜例3　手拍子の問答

　③リズムのロンド……全員で打つテーマを数回繰り返し，その間々を即興でつなぐ。「音のサンドイッチ」として理解されるもので，Ａ―Ｂ―Ａ―Ｃ―Ａ―Ｄ―　という形で進める。

譜例4　拍子木とタンブリンでの即興

　ここでは，幼児にもできそうな例を示しているが，フレーズの長
さや拍子，楽器などを変化させると，さらに大きなものに発展する
可能性がある。これらは，ことばやふしの問答，即興などにも共通
して応用される形式である。

　以上に述べたような活動は，一時に全部を連続して取り上げるも
のではなく，また，一斉の指導の中においてだけ考えられるもので
もない。自由な活動の中でのさまざまな音遊びなどを適切に援助し
ていくことが重要であり，その援助が系統的なものとなっていくた
めの考え方として，こうした流れが意識される必要があるだろう。
　　　ⒸSchott & Co. Ltd., London, 1950／ "Musik für Kinder Band Ⅰ"
　　　より引用（譜例1，2）

（2）出発点としてのことばのリズムと抑揚

　オルフは彼の音楽教育を「ことばから始めなければならない」と
いっている。"子どものための音楽"の中には，名前の呼びかけや
物売りの声など，生活の中にあることばの例として，「なべの穴ふ
さぎますー」「たまごはいかが，きれいで，新鮮だよー」などとい
う市場の声や「ヴェロニカ」「アントニオ」などの名前を呼ぶもの
が示されている。
　ヨーロッパの言語は強弱のアクセントの位置がきまっているた
め，自然に唱えることから一定のリズムが生まれてくる。"子ども
のための音楽"の中に次のような例がある。

　譜例5　ことばのリズム

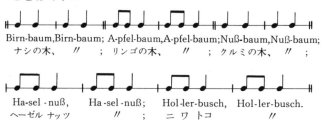

こうしたことばのリズムに抑揚をつけて唱えると，ヨーロッパの
人々にとってごく自然な音程は，短3度（ちょうど　ソーミ　の関
係の音程）になり，これはほぼいずれの国においても共通である。
これがヨーロッパの子どもの最初の歌の形であって，"子どものた
めの音楽"の最初のページも次のメロディーではじめられている。

　譜例6　1．Kuckuck

　　ⒸSchott & Co. Ltd., London, 1950/ "Musik für Kinder Band Ⅰ" より
　　引用（譜例5，6）

（3）必要に応じて組織される音階

　上述の2音から，“子どものための音楽”は，次のように音が増えていく構成となっており，第Ⅰ巻は最後まで「5音音階」（ペンタトニック）のメロディーを扱い，続くⅡ巻で7音に広がっている。

　さらに“子どものための音楽”全5巻の全体を見ていくと，今日普通に長調の音階として扱われるものの次に，短調系のエオリア，ドリア，フリギアなどの教会旋法に進む。このことから，オルフの考えた音楽教育は，音階の構成上，近代の機能和声に基づく音楽理論より，歴史的に古い音楽のスタイルを対象としたことが理解される。

（4）オスティナートの活用

　上述のように“子どものための音楽”は，機能和声以前の音楽を対象とするが，そのような音楽には，ある意味で常に一定の音形や様式を繰り返していくものが少なくない。そうした一定の音形を曲の中の一定の間または全体を通じて繰り返す様式を，“オスティナート”と呼び，シュールヴェルクのほとんどの曲は，広い意味でこれによっているということができる。

　ただし，これらの作品は，子どもの即興的な表現活動の結果作り出されたものの例として，その優れたモデルとして示されたものだと理解することが大切である。次の譜例は第Ⅰ巻の例である。

譜例7

（3）オルフの楽器とその特徴

　（1）**身体楽器の活用**……先のリズムの即興表現の部分でも触れたように，オルフは，「誰もが，常に持っている楽器」として体の部分による表現を，「楽器」として位置づけている。音楽に合わせて手をたたくことは一般的であるが，これをすべての打楽器に先立つものとして，また他の打楽器とともに用いるものとして意識的に

取り上げることが，ひとつの特徴になっている。それは，体の動きをともなった音楽としての考え方，ならびに舞踊的な展開ともかかわる意味をもつのである。そのことは，ヨーロッパの舞踊の多くが，その中に足を踏みならしたり，手などを打つ表現を含むことからも理解されることである。指導者がこのような表現を十分にこなし，自由に即興的に表現できることも大切な課題となる。

（2）**音板楽器の工夫と特徴**……"オルフ楽器"の名で知られるこれらの楽器は，ふつう木琴や鉄琴と呼ばれるものの仲間であるが，たいへんに優れた工夫がなされている。オルフの音楽教育を特徴づけるものということができる楽器群である。

構造上の第一の特長は，音板の1本1本が取りはずせる点である。これは，すでに述べたように，必要に応じて音階を構成するという考え方を実現すると同時に，不要な音がないことから，即興で音楽作りをする際に，間違いが起こらないという工夫の結果である。

音板楽器

第二の特長は，音板の並べられている木の箱が，音域ごとに深さの異なる，仕切られた共鳴箱であること，またさまざまな硬さのバチが開発されたことなどによって，美しい響きと多様な音色が得られるようになっていることである。

（4）　日本の"子どものための音楽"

これまでに述べたのは，オルフがドイツの「子どものため」に構想した音楽教育の考え方である。オルフの音楽教育の重要な特徴として，そこに一定の方法が示されていない点が上げられる。示されているのは，子どもがどのように活動するべきかという考え方，ないし教育理念なのである。そこで我々の課題は，日本の"子どものための音楽"を考えることである。先に述べたリズムの表現については，ほぼこのまま使うことが可能である。問題は，日本の子どもが自然にとなえる，ことばから発展した「わらべうた」が，西洋のそれとはまったく異なるという点である。

まず，日本の「わらべうた」の音階について，前の項で取り上げている理論を理解する必要がある。特に，音階を構成する音が限られたものであること，核音がその音楽の構成上，重要なものであることなどを理解されたい。以下に指導の原則となるポイントを述べることにする。

● ことばのリズミカルな表現から

交通の標語やはやしことばには，調子のよいリズミカルなものが多い。これらにならって，日常の遊びの中からおもしろい表現を引き出して意識化することが有効である。さらに，繰り返しとなえたりすると自然な節まわしが生まれてくる場となる。

● モデルの提示と即興的な問答

　ことばの表現をより豊かなものにするために，指導者は常にモデ
ルでなければならない。また，「問い」を発することで，子どもか
らの表現を引き出すように心がけることも重要な指導の場である。

譜例 8

　おはよう　なかよく　あそびましょ　だ　れにしましょ　むしゃむしゃたべちゃった

● 「わらべうた」に伴奏をつける

　「わらべうた」は，2音や3音のものから次第に音の範囲の広い
ものに発展させられる点で，次の譜例に示すように，オルフの〝子
どものための音楽〟と共通に考えられる。

2音　　3音　　3音　　4音　　5音　　1オクターブの民謡音階

○で示したのは核音

　これに，つねに有効な伴奏の音は核音であり，その他の構成音が
これに加えられる。次の例で明かなように，音が1つか2つででき
る伴奏（オスティナート）を作り，これを繰り返すことで，アンサ
ンブルができ上がる。実際に試みて理解されたい。

ゆうやけこやけ

うた
（たて笛）

ゆう　や　け　こ　や　け　　あ　したてん　きに　な　ー　れ

オスティーナートの例

ソプラノ
鉄　琴

ウッド
ブロック

アルト
メタロ
フォン

ソプラノ
木　琴

アルト
木　琴

バス木琴

　これらを実際に体験することを通じて，読者一人ひとりの〝子ど
ものための音楽〟が作り出されることが，実は最も重要な課題なの
である。

〔参考文献〕

Orff-Schulwerk Musik für Kinder Band Ⅰ～Ⅴ（ED 3567，3568，4451，4452，4453 Schott）1950～1954

Orff-Schulwerk 子どものための音楽Ⅰ～Ⅲ巻（SJ　011，012，013　日本ショット株式会社）1984～1985

井口太監修「オルフ・シュールヴェルクの研究と実践」朝日出版社　2015

5　コダーイの音楽教育

コダーイ・ゾルターン

　ハンガリーを代表する作曲家であり，同時に民族音楽学者，音楽教育家であったコダーイ・ゾルターン（Kodály Zoltán 1882年〜1967年）の理念にもとづいて，ハンガリーでは，幼稚園から唯一の国立音楽大学であるリスト音楽大学に至るまで，専門教育，一般教育の別を問わず，すべての段階で一貫した音楽教育が行われている。この音楽教育は彼の名をとって，「コダーイ・システム」，あるいは「コダーイ・メソッド」などと呼ばれている。

　コダーイは，「音楽は万人のもの」と考え，「音楽ぬきに完全な人間はありえない」と，一般教育における音楽の役割を重視した。彼は，かつて古代ギリシアがそうであったように，ハンガリーでも一般教育のなかで音楽が中心的な役割を担うべきであると考え，ハンガリーの音楽教育の改革に献身した。コダーイの理念は，彼の死後も優れた教え子たちに受け継がれ，今日のハンガリーの音楽教育へ引き継がれている。コダーイの音楽教育は，1964年にハンガリーの首都ブダペストで開かれた国際音楽教育会議（ISME）の第6回大会を契機に全世界に紹介され，今世紀の世界の音楽教育界に大きな影響を与えた。このときの会議でコダーイは名誉議長をつとめている。コダーイの音楽教育の基本的な理念は，以下の5点にまとめることができる。彼自身のことばを用いてまとめてみよう。

① 音楽は万人のもの：古今東西の音楽的傑作を万人の宝にし，貧富，階級の差を問わず，すべての人の共通な財産にすること。

② 歌唱の重視：音楽の真髄に近づく最もよい手段は，誰もが持っている楽器，のどを使うことである。もし，ハンガリーの音楽教育の本質を一言でいおうとするならば，それはうたうという一言につきる。

③ 民族音楽の重視：音楽の母語であるわらべうたや民謡から音楽教育をはじめなければならない。自分の国の民謡がほんとうに身についてから，外国の民謡や音楽をうたうべきである。

④ ソルフェージュ教育の重視：すべての人びとが，音楽の読み書きができるように，音楽上の文盲をなくさねばならない。

⑤ 一般学校教育の重視：真の音楽的教養は万人にとって到達可能であり，取得しうるものでなければならない。音楽文化への道とは，学校の授業を通して，音楽の読み書きを一般化することである。

　つぎに，コダーイの人となり，このような音楽教育の理念が生れた背景，彼の幼児の音楽教育観などについて述べておこう。

（1）　コダーイ・ゾルターン

　作曲家コダーイの主な作品には，劇音楽「ハーリ・ヤーノシュ」，管弦楽曲「ハンガリー民謡『くじゃくは飛んだ』の主題による変奏曲」，管弦楽つき合唱曲「ブダヴァール・テ・デウム」などがあげられるが，他に，ハンガリー民謡による歌曲，合唱曲など多数の作品がある。また，コダーイはこれらの作品に加え，教育のための作品，「小さい人間たちの歌」「333の読み方練習」「ハンガリーのビチニウム」「15の二声練習曲集（33，44など数字のタイトル付の二声練習曲集」，「24の小さい黒鍵のカノン」，「清潔に歌おう」など，数百曲を越える作品を作曲した。その多くはハンガリーの音楽の伝統にのっとって作曲されている。

　コダーイは，若い時代からハンガリーの国民音楽の創造に深い関心をいだき，そのために「本当のハンガリー民謡」の収集・研究が必要だと考えていた。1906年頃から，目的を同じくするハンガリーの作曲家バルトーク・ベーラ（Bartók Béla 1881年～1945年）とともに，数千曲のハンガリーの民謡やスロヴァキアなど，近隣諸民族の民謡の収集調査を行った。彼の作品には，これらのハンガリーの民族音楽の研究の成果が脈々と息づいている。

　コダーイは，彼が教育に献身していくきっかけについて，1937年の回想のなかで次のように語っている。「1925年までは，普通の職業音楽家のように一般の教育制度に関心をもっていなかった。しかし，春のある日ブダの丘で，師範学校の女生徒たちが遠足で歌をうたっているのを聞いて，その歌のあまりのひどさに耐えることができなくなって，彼女たちのために作曲家としてなすべきことをせねばならないと考えた。」そして，この後すぐさま，子どもたちのための最初の合唱曲の作曲にとりかかり，やがてハンガリーの音楽教育の改革に献身していくのである。

　ハンガリーは，ヨーロッパのほぼ中央に位置しているが，ハンガリー人は中央アジアから移住してきたヨーロッパで唯一のアジア系の民族で，言語も文化も独特のものである。また，音楽の面でも，ハンガリーの民族音楽は五音階の音楽であること，和声をもたない単旋律の音楽であることなど，独自の特長がある。

　ハンガリー王国の建国は1000年，300年余りは，トルコ，オーストリアの支配を受けた過酷な歴史をもつ。コダーイがリスト音楽アカデミーを卒業した当時のハンガリーは，長い間オーストリア・ハプスブルク家の支配下にあったため，国民は貴族などの上層と，農民などの下層とにはっきり分かれていて，文化的にもオーストリア文化の支配下にあった。都市では上層階級がドイツ的な文化を楽しみ，地方では貧しい農民が，そのような文化や教育とは無縁にハン

コダーイの写真のかかっている幼稚園の指人形コーナー

ガリーの民謡や民俗音楽を楽しんでいたのである。このような状況のなかで，コダーイは，ハンガリーの子どもたちをハンガリーの伝統文化（音楽を含む）の栄養で育てること，ハンガリーの伝統文化で育った子どもたちが，やがて新しいハンガリーの国民的な文化を創っていくことを願ったのである。

(2) コダーイと幼児の音楽教育観

コダーイは，一般教育における音楽の早期教育の重要性を強く指摘した。1951年の「子どもの日に寄せた演説」から，コダーイが音楽教育をいつからはじめる必要があると考えたかを引用してみよう。「3年前，私は，パリで開かれた芸術教育の国際会議に出席し，『こどもの音楽教育はいくつからはじめるべきか』と尋ねられたとき，『生まれる9か月前から』と答えた。最初の会議のメンバーは，これを冗談ととっていたが，まもなく彼らは私の意見とそれが一般に受け入れられていることの両方を理解した。母親は，自分の体を子どもに与えるだけでなく，彼女自身が子どもの魂もつくる。……中略……今，私はもっと先に進みたいと思う。子どもの音楽教育は9か月前—子どものではなくて—母親の誕生からはじめるのです。これを誇張と思う人たちでも，第一印象というものがいちばん残るものであることを認めるはずである。子どもが最初の6年間で聞いたものは，あとになって消すことができない。学校で教えるのでは遅すぎる。なぜなら，学校に行く前に音楽的印象をたくわえるからであり，また，もし悪いものが入りこめば，それで子どもの運命は音楽に関する限り，生涯を封じられたことになるからである。」

コダーイは，ハンガリーの音楽教育の根本的な改革のためには，幼稚園における音楽教育の改革が緊急の責務であると考えた。彼は「子どもたちは，学齢に達してしまってからでは遅い。最も重要なことがらを，幼稚園で遊びながら身につける必要がある」，「保育園や幼稚園の音楽の改善に力をつくすことは小さな教育上の問題ではない。国全体にかかわる問題だ」と語っている。このような姿勢で，その国の一般教育における音楽教育の改革に取り組んだ作曲家は，音楽史上コダーイただ一人である。

(3) コダーイの音楽教育の教授法

コダーイの音楽教育は，階名の文字符や手の形で階名を表わすハンド・サイン，あるいは，音符のリズムだけをぬき表したリズム符やリズム符のリズム唱など，子どもや初心者にとって有効な教授方法で実践される。これらの教授方法はコダーイが考案したのではなく，諸外国の教育システムの優れた方法の一部を修正・改良したものである。コダーイの音楽教育の中心である「移動ド唱法」による

コダーイ・システムによる
手による階名
（ハンド・サイン）

ド

ティ

タ＝♭ティ

ラ

ソ

フィ＝♯ファ

ファ

ミ

レ

ド

ソルフェージュ教育では，「聴いたことが書けて，書いてあることが聴こえる」ことが目的となるが，その際用いられる階名の文字符やハンド・サインは，イギリスの教育家ジョン・スペンサー・カウエン（John Spencer Curwen　1816～1880年）の考案したものに若干の修正を加えたものであり，また，リズムの読譜のためのリズム符やリズム唱は，フランスの教育者エミール・ヨセフ・シュベ（Emile-Joseph Chevé　1804～1864年）の考案したシステムの一部を採用したものである。

　また，指導にあたっては，サイレント・シンギング（心のなかでうたうこと）を用いて，内的な聴感を高めることが重視される。同時に，本来単旋律の民族であるハンガリーの子どもたちを多声音楽に導くこと，そのために読譜教育の早い段階から二声の教育が重視されている。ハンガリーでは，これらの教授法を用いて，ハンガリーのわらべうたや民謡，あるいはコダーイが自国の民族音楽の特長を生かして作曲した教育的作品などの教材を，子どもの発達段階にふさわしく系統的に配列して，一貫した形で音楽教育が行われている。

　ハンガリーの幼稚園では，音楽は小学校の教育カリキュラムと密接な関連をもって，一貫した音楽教育として位置づけられている。その内容は，「わらべうた遊び」をとおして，音楽の基礎を体験的に身につけることに徹しており，機械的な読譜教育は行われていない。幼稚園ではハンド・サインやリズム唱などは行われない。音楽のもつ鼓動やリズムの理解は，足踏みや行進や手拍子で，あるいは，教師との手拍子の模倣や応答などで，また，音の高低の聞き分けは，手を上下させることで感じさせる。音楽の形式の理解は，教師との歌の模倣や応答や，歌の即興などで体験させるのである。この他に，音の強弱や早い遅いの認知も幼稚園で行われる。

　コダーイは，子どもの一般教育の音楽教育には平均律で調律されるピアノは有効ではないと考えており，ハンガリーの幼稚園や小学校では一般にピアノは使われない。楽器としては，リコーダーや音のよい鉄琴などが用いられる。一般教育における音楽教育は，あくまでもうたうことを中心に行われ，幼稚園や小学校では，日本で行われているような器楽合奏は行われない。

　以上述べてきたように，コダーイの音楽教育は，自国のわらべうたや民謡を使った，徹底した読譜教育が特長であるが，コダーイは，「知識は，音楽の真の喜びを助けるためにある。」「子どもたちには，真に芸術性の高い音楽だけを与えるべきである」と，読譜教育が技術主義に陥ることを強くいましめたことをつけ加えたい。

リズム符とリズム唱

ターター　ティティティティ　タースン

付点四分音符

ターアム　ティ　ティ　ターアム

シンコペーション

シンコー　パ　トゥリオ　ラ

二分音符

ターアー　ティ　リ　ティ　リ

十六分音符

ティ　ティリ　ティ　ティリ

ハンガリーの幼稚園における
わらべうた遊び

（4）　コダーイの理念による音楽教育と日本の幼児教育

　日本に最初にコダーイの理念を紹介したのは，1956年と61年に
コダーイに面会した園部三郎だった。その後，1964年の第5回の
国際音楽教育協会（ISME）東京大会，翌1965年の第6回国際音楽
教育協会ブダペスト大会を経て，ハンガリーの音楽教育は，全世界
に知られることとなった。1965年には，ハンガリー・ラジオ合唱
団が初来日し，日本の音楽教育界に旋風を巻き起こした。この後，
加勢るり子，羽仁協子などが，ピアノ教育や幼児教育などの分野で
日本のコダーイの理念による活動を開始した。また，コダーイの理
念による合唱団も生まれて，バルトークやコダーイの合唱曲も演奏
されるようになった。ハンガリーからは，セーニ・エルジェーベト，
フォライ・カタリン，モハイネー・カタニチ・マーリア，ウグリ
ン・ガーボル，ヘルボイ・イルデイコーなど，合唱指揮者や教育家
が招聘され，合唱指揮法やソルフェージュなどの講座がもたれて，
日本におけるコダーイの理念の啓蒙が進んだ。

　しかし，日本の音楽教育には，主に二つの要因によって，コダー
イの理念の実践に困難があった。一つは，未だ解決をみない音楽の
読み書きを行う際決定的に重要となる唱法問題，つまり「移動ド唱
法」と「固定ド唱法」問題，もう一つは，明治以来，西洋音楽的な
考え方によって行われてきた音楽教育のあり方と教材の問題であ
る。幼児教育には，直接関連をもたないが，その後の学校教育では
根本的問題となる唱法の問題は，「移動ド唱法」と「固定ド唱法」
のどちらがよいかという考え方ではなく，コダーイが提唱するよう
に絶対音高と相対音高を統一的に捉える考え方が広まることが強く
望まれる。

　日本では，専門教育が「固定ド唱法」で行われているために，
「移動ド唱法」と「固定ド唱法」を統一的に捉える教師が育たない
ことも，コダーイの理念の根本的な広がりを困難にしている。

　もう一つの問題は，教材の問題である。ハンガリーの幼児教育で
は，ピアノ伴奏を用いず，肉声で五音階の"わらべうた"を歌い遊
び，それを用いて鼓動を共有し，その中の音楽的な要素，音の高い
低い，音楽の中にある強弱やテンポの早い遅いなどを認知していく。
これがやがて，小学校に行った際，音楽の読み書きの勉強（ソルフ
ェージュ教育）に発展していく。五音階は，ハンガリー人の伝統的
な音階なのである。

　一方日本の幼児教育では，ピアノ伴奏のついた童謡や幼児のため
の歌を歌い，お遊戯を行う。これらの歌は，日本の音楽の伝統であ
る五音階の音楽ではなく，西洋の七音階，西洋の拍子，西洋の作曲
法によって明治時代になってから作曲されたものである。

　コダーイは，「わらべうたは，言葉とメロディーが完全に一致している」，「始めに五音階から出発すれば，その後，容易に七音音階の音楽に発展させることができる」としている。わらべうたには，音楽的に日本の子どもにとって音楽の上で母乳のような意味をもつ側面と，鼓動を共有しながら触れ合って自立的に遊ぶ中で，無意識的に社会的なルールやコミュニケーション力を身につけることのできる側面の両面がある。

　今日の子ども達は，少子化の中で切り離され，祖母や母からわらべうたを学ぶこともなく，子どもの集団で遊ぶこともなく，機器によるバーチャルな世界に一人遊びをすることが増えている。また，テレビやゲームで絶えず西洋的な構造で作られている音楽に浸っている。今日のグローバル化した地球環境の中で求められる姿は，文化的なアイデンティティを持った日本人であろう。

　今こそ，幼児教育の場では，このような"わらべうた"のもつ教材性を認識し，本格的にわらべうた遊びを行うことが求められていると言えよう。また，ピアノ伴奏を中心的に扱うのではなく，日本の音を大切に扱うことが求められよう。また，同じ五音階の民族であるハンガリーと日本ではあるが，五音階の機能は異なっている。従って，コダーイの方法や教材がそのまま適応するものではない。日本の子どものための方法や教材の開発が強く望まれる。

　1989年にハンガリー共和国に国の体制が改まった近年のハンガリーでは，学校教育や音楽教育に変動が生まれた。学校教育では，独自の理念をもつ私立学校も数々設立され，それまで2種だった音楽の教科書も多様化した。また，経済を重視する政策によって，ハンガリーにあっても，音楽教育は人間教育の柱として存在しえない情況が生まれた。しかし，コダーイの理念である万人のための音楽教育，歌唱，自国の民族音楽，ソルフェージュ教育（音楽の読み書き），そして一般教育を重視する人間教育としての音楽教育は，今日一層の意義をもつと言えよう。

※コダーイのことばは，次の著書から引用した。
　ラースロー・エウセ著　谷本一之訳『コダーイ・ゾルターン―生涯と作品』（全音楽譜出版社）
　フォライ・カタリン，セーニ・エルジエーベト共著　羽仁協子他共訳
　　　　　『コダーイ・システムとは何か――ハンガリー音楽教育の理論と実践』（全音楽譜出版社）
　中川弘一郎編・訳『コダーイ・ゾルターンの教育思想と実践――生きた音楽の共有をめざして――』
　　　　　　　　　　　　　　　　　　　　　　　　　　　　　　（全音楽譜出版社）

6　ジャック＝ダルクローズの音楽教育

（1）ダルクローズの生涯とその時代

ジャック＝ダルクローズ

　エミール・ジャック＝ダルクローズ（Émile・Jaques = Dalcroze 1865 - 1950）は，スイスの作曲家であり，リトミックの考案とその実践と普及に活躍した音楽教育家である。

　彼は1865年ウィーンに生まれ，ジュネーブの音楽学校を卒業した後，パリで作曲と演劇の勉強をし，さらにウィーンの音楽学校で作曲や和声学を学びながら，音楽表現の理論的研究家の指導も受けた。1893年ジュネーブの音楽院教授として和声学とソルフェージュを担当した経験から，音楽教育の在り方を研究したのである。そして，1902年にローザンヌの音楽学校で初めてリトミックの考え方を講演して人びとの理解を得た。1905年にはジュネーブで少女や子ども，一般の人にリトミックのレッスンをはじめ，同年スイスの音楽教育会議でもリトミックの実技と講演を行い，多くの賛同者を得た。さらに1907年ジュネーブ大学で心理学の理論を学びながら，演劇家，舞踊家，演出家など多くの専門科と協議，協力を得てリトミック教育の体系を考案したのである。そして，西欧諸国でリトミックの講演と実演を精力的に行いながら普及に努めたが，その功績により多くの大学から名誉博士号を贈られている。また彼の弟子たちにより1909年パリ，1911年ヘレラウ，1913年ロンドン，1916年ジュネーブにリトミックの専門学校が設立され，舞踊や演劇，音楽教育等に大きな影響を与えてきた。1926年には，ジュネーブでダルクローズ発案による第1回リズム国際会議が開かれ，世界33ヵ国の参加による39の研究発表と討論が行われた。作曲では，演劇的作品，管弦楽曲，合唱曲，室内楽曲，シャンソンなど多数の作品を残し，「リズムと音楽と教育」「リトミック・芸術と教育」などの著書によって音楽教育やリトミックの考え方を発表したのである。

　ダルクローズが活躍した1900年初頭の西欧諸国は，芸術に感動させる教育や，一般の子どもの音楽的能力を発達させる教育ではなかったが，すでに子どもの教育に対する新しい考えや，心理学や生理学の応用の研究もはじめられていた。一方，音楽家や演劇家，舞踊家らは，1901年ドレスデンで開かれた第1回芸術教育大会で，芸術教育の重要性を主張し，1903年ワイマールでの第2回大会では，美的鑑賞教育についての見解を発表し，1905年ハンブルクで開かれた第3回大会では，音楽と体操の結合による表現教育や音楽教育の重要性を強調したのである。ダルクローズはこのような時代の中でリトミックを発表し，その教育を展開したのである。

(2) ダルクローズの教育理念

　ダルクローズは，和声学やソルフェージュの授業で，学生の拍子やリズムの変化，ニュアンスなどに対する感覚が育っていないことや，子どもの音楽に対する状況を観察した結果，「音楽は聴覚だけで受け止めるのではなく，手をはじめ身体のすべての部分で感じ取っている」事実を発見し，そのための教育や表現方法の研究を進めたのである。すなわち，芸術表現に対する基本的な考えとして「芸術表現の基礎はその人の思想及び感情であって，その表現手段はその人自身の身体」であり，「人間の身体こそが最大の表現物」ととらえた。そして，そのための教育課程を「身体による自己表現は，ことば文字，楽譜や楽器などによる表現方法の先に行われる重要な方法」であるとして位置づけた。具体的な方法として，音楽と身体を生活における共通な要素としての《リズム》に着眼した。彼は，「人間は本来生命のリズムともいうべき生理的，根源的なリズムに支配され，音楽を含むすべての芸術の基礎もリズムによっている。したがってその両者を統一することによって，人間の芸術的自己表現を豊かにすることが可能」であると考えた。すなわち，音楽に感動し，音楽による自己表現を最も豊かにすることは，「人間の身体をオーケストラ化して，音楽に対してうちふるえるように鳴り響く状態をつくる」ことであり，そのための教育システムとして考案したのが《リトミック》と呼称される教育方法であって，これをすべての芸術教育の基礎として位置づけたのである。彼らはさらに，子どもの音楽的能力とその発達への教育方法として，「子どもの音楽的な能力は，子ども自身に生来的に拍子感としてリズムの要素をもち，その根源であるリズムを基本とした教育によって，幼児に音楽的感覚を目覚めさせ，それを身体的に発達させていく」とし，すべての子どもの音楽的才能を身体の筋肉の動きを通して発達させ，音楽的な表現を豊かにしていこうとしたのである。

(3) リトミックのシステムと三つの構成

　ダルクローズの理念によるリトミック教育のシステムにおいて，リズムは音楽の要素と同時に生活に最も結びついている。その要素である音とリズムとダイナミックスのうち，リズムとダイナミックスは動きに依存するので，まず，それを身体の筋肉組織（足，手，首，腕など）や神経組織（聴覚・触覚など）に働きかけ，反応させて実感することで内的聴感を発達させていくのである。したがって，このシステムは時間に関するニュアンス（速度に関するもの）と強弱に関するものを空間を使って，筋肉の緊張と弛緩を通して，身体的に体験させていく方法なのである。

　また，ダルクローズは，リトミック教育の基本的な構成を　1.
リズム運動，2.ソルフェージュ，3.即興演奏の三つに組織した
のである。
　　1.リズム運動は，①身体的なリズムに対する感覚に目覚める学
　　習と，②リズムの聴覚的理解に目覚める学習である。
　　2.ソルフェージュ教育は，音高，音の関係，音質の識別につい
　　ての感覚を目覚めさせる学習で，内的聴感を育成する。
　　3.即興演奏は，リズムとソルフェージュの原理を結合させ，そ
　　の発展としてピアノによる音楽的な演奏表現を行うこと。
とし，それぞれに22項目の練習課程を設定している。
　以上の構成は，リトミック教育の基本的な内容と方法であるが，
具体的な指導内容と方法および教材について，指導する対象者の発
達段階や興味・関心に応じて創意工夫しなければならないのは当然
である。

(4) 幼児のリトミック

　幼児に対するリトミック指導の基本的な点について考えておきた
い。
　幼児期は心身ともにまだ未分化の状態であり，リトミックを指導
する場合，この発達状況をふまえた上で，一人ひとりの個性ある表
現を培うための内容と方法によらなければならない。
　まず，幼児期の日常的な生活の中には，全面発達をうながす豊か
な経験が必要である。これらの生活経験や体験から得られた感覚や
感性は，自己表現を豊かにするための基本的で重要な要素であろう。
したがって，幼児期のリトミックは，この日常的な経験活動を素材
にした教材によって指導し，豊かに身体表現をするための経験を積
み重ねて，音楽や舞踊としての自己表現へ発展できるような内容と
方法の展開が必要である。
　つぎに具体的な指導の一時例を掲げておく。
　①　自然や動植物の動きとの比較による動きの表現。
　　例えば，波，風，雨，山，草木などのゆれ，ぞう，うさぎ，か
　　め，魚などの動きをイメージして個性豊かに表現する。
　②　強弱の変化の対比による動きの表現。
　　例えば，強い音，弱い音，小さな音，大きな音，静かな音楽，
　　徐々に大きくなど。
　③　速度の変化の比較による動きの表現。
　　例えば，歩く速さ，遅い音楽，速い音楽，遅く重々しい音楽，
　　だんだん遅く，軽快な音楽など。
　④　音の高低の変化の比較による動きの表現。
　　例えば，高い音，低い音，だんだん高い音へ，だんだん低い音へなど。

⑤　音の時価の比較による動きの表現。

例えば，4分音符と2分音符，4分音符と8分音符などのように，基本的な音符の時価をステップする。

⑥　いろいろなリズムパターンをステップする。

例えば，

⑦　いろいろな音楽のフレーズを身体的に表現。

⑧　いろいろなリズムフレーズを身体的に表現。

例えば，

⑨　拍子感の対比を身体的に経験する。

例えば，2拍子，3拍子，6拍子，5拍子などにアクセントをつけてステップする。

　以上の内容を身体的に体験し，表現する経験を積み，だんだん音楽的な表現内容に移行して，即興的な動きによる表現や造形的な動きの表現などに発展させていくのである。ソルフェージュも身体的な動きをともなって指導するのである。これらの指導は，幼児自身の自己表現力を豊かに培い，音楽的な感覚の発達をうながすために，指導者自身が豊かな発想をもつことが大切である。また，身体表現のために必要な音楽は，レコードやテープ音楽とともに，即興的にうたい，ピアノを弾き，簡単な打楽器を使用するので，指導者に音楽的な演奏技術が要求される。実際の指導では，幼児が興味を示す題材や物語り等を通して，一人ひとりにイメージを描かせて身体表現させるが，そのための音楽が即興的な演奏であっても，幼児にわかり易い音楽的内容で進めなくてはならない。

（5）日本へのリトミック導入の経緯

　ダルクローズのリトミックをわが国に導入したのは，1909年歌舞伎俳優二代目市川左団次と新劇人小山内薫の「自由劇場」が，俳優の身体表現力を養う基礎練習の一つとして取り入れたのがはじめてである。その後，演劇人や舞踊家もあいついでヘレラウの学校でリトミックを学び，作曲家山田耕筰もドイツ留学中にリトミックを見学し，小山内薫や石井漠らと「舞踊詩」を創作する基になった。また，体操家も体操視察の途中リトミックに接し，それらを参考にして学校ダンスや新体操などを創作している。1925年パリのダル

クローズ舞踊学校から帰国した音楽教師小林宗作は，幼児教育の中で《総合リズム教育》としてはじめてリトミックを紹介し，多くの幼稚園で実践した。ついで，体育教師天野　蝶もパリで学び，幼児の体育とリトミックを結合させて実践した。リトミックはこの二人によって幼児教育界に広められたのである。

　なお，大正から昭和の初期には「ユーリズミックス」とか「リトミーク」などといわれ，訳語として「律動的」「韻律的」などの名称が用いられていたが，今日では「リトミック」という名称が一般的に使われている。

　リトミックの研究と教育については，その後，大学の音楽教育にも正式に位置づけられて今日に到っている。

"波のようす"の表現
（クレシェンド・デクレシェンドの表現）

(6) リトミック教育の課題

　今日，リトミックが幼児の音楽教育の中で盛んに行われ，いろいろな名称の指導書籍が多数出版されている。しかし，その内容と方法とが画一的であったり，単に技術的な向上を求めたり，また反射・反応のための訓練的な方法でのみ行ったりするのではなく，幼児の自己表現を最も豊かに培い，幼児一人ひとりの自己表現力を総合的に発達させ，さらに音楽的な表現能力をも発達させるための内容と方法でなければならないのである。そのためにも，ダルクローズの理念を深く理解し，リトミックを単に音楽教育の基礎としてだけではなく，ダンスや舞踊および体操等を含むそれぞれの芸術表現へ発展させていくための基礎として位置づけ，幼児教育に最もふさわしい内容と方法についての総合的な実践研究と基礎研究とを進めていくことが今日的課題であろう。

"海の底のようすで，低い音"の表現
（魚・エビ・カニなどになって，海の底を歩いている）

　海をテーマにした物語で，波のようす，魚の泳ぎ方，かにの歩き方などの動きと，ことばと，高い音・低い音，クレシェンド，デクレシェンドなどの音とを結合させた表現。

主要参考文献
　1．エミール・ジャック＝ダルクローズ
　　　フランク・マルタン他編著　板野　平訳　　全音楽譜出版　1977年
　2．リトミック論文集「リズムと音楽と教育」
　　　エミール・ジャック＝ダルクローズ著　　板野　平訳　　全音楽譜出版　1975年
　3．たのしいリトミック　全3巻
　　　石井　亨　江崎正剛共著　　創芸書房　1982年
　4．ダルクローズ教育法による　リトミックコーナー
　　　板野　平監修　神原雅之　野上俊之編著　　チャイルド本社　1987年

7　音楽づくり

（1）音楽づくりとは何か

　創造的な音楽づくり（Creative Music Making）は，文字通り，子どもが自分で音楽をつくり出す活動である。従来，創造的音楽学習，創造的音楽づくりなどといわれていたが，近年では，単に音楽づくりということが多くなり，平成20年告示の小学校学習指導要領で「音楽づくり」という用語が使われたことで，創作活動の総称の一つとなった。音楽をつくるといっても，旋律やリズムづくりという狭い範囲に限定されたものではなく，子どもが自由に作文や絵をかくように，自分で音を発見し，自分の思いを音・音楽で自由に表現する幅広い創作活動である。音楽づくりには音で遊ぶ音楽遊びも含まれるが，幼児にとっては，音楽づくりの活動の中でも，音楽遊びが最も身近な活動といえるだろう。1960年代から行なわれている欧米の音楽づくりが日本に紹介されたのは1980年代初頭である。初めの頃は，現代音楽の手法による創作が強調されたが，次第にポピュラー音楽や世界の諸民族の音楽なども取り込みながら，内容的な広がりをもって教育現場に定着してきた。1980年代からの日本における音楽づくりの活動の契機となった代表的な著作物には，マリー・シェーファーの『教室の犀』（1980年邦訳）やジョン・ペインターとピーター・アストンの共著『音楽の語るもの』（1982年邦訳 Sound and Silence 1970，以後『Ｓ＆Ｓ』）がある。

　音風景（Soundscape）という言葉を生み出したカナダの作曲家マリー・シェーファーは，1965年からの10年間に音楽づくりに関する５冊の本を著した。1980年代から数回来日しているシェーファーは，90年代に入ってからも，『サウンド・エデュケーション』（1992年邦訳 A Sound Education）や今田国彦との共著『音さがしの本』（1996年）を上梓し，日本の音楽教育界に影響を与えた。また36のプロジェクトを示した名著『Ｓ＆Ｓ』は，新しい音楽教育哲学を提示しただけではなく，今なお日本の音楽づくりの活動の基本的な指針となっている。1990年代以降は，日本の音楽教育関係者による音楽づくり関係図書が多数出版されるようになり，音楽遊びや音楽づくりの活動は，確実に広がってきている。

　ところで日本の音楽教育を振り返ると，子どもの創造性を重視した創作活動の萌芽は，すでに大正期や昭和初期にかけて欧米の新教育運動や芸術教育の影響を受けた先導的な教師による実験的な試みの中に見ることができる。しかし制度的には戦後の学習指導要領の第１次および第２次試案に注目したい。とりわけ昭和26年の小学校学習指導要領（第２次試案）には，創造的表現という名称で，形

「教室の犀」の表紙

「音楽の語るもの」の表紙

式に基づいた旋律創作だけでなく，即興表現，身体表現，劇化活動，詩・舞踊・絵画と関連させた音楽表現など，現在の音楽づくりに相当する内容が含まれていた。しかし試案時代の学習指導要領は，アメリカ占領軍の民間情報教育局（CIE）の影響下における時期尚早の産物であり，教育現場に定着するのは難しかった。「試案」の二文字が消えた昭和33年以降の学習指導要領では，旋律創作が中心的な創作活動となる。幅広い創造的な活動が指導要領に登場するには，平成元年告示の第6次学習指導要領まで待たねばならなかった。

　同年告示された平成元年の幼稚園教育要領では，幼児の感性や表現力を養う立場から，新たに「表現」領域が設定され，音・音楽が幅広くとらえられた。平成10年告示の幼稚園教育要領では，教師は幼児の自己表現の欲求を大切にしながら，幼児に多様な自己表現を楽しませることが強調された。そして平成20年告示の幼稚園教育要領における「表現」領域では，他の幼児との関わりや自己表現のプロセスを重視することなどが付加された。音楽遊び・音楽づくりの活動は，音・音楽の概念の拡大や他とのかかわりや自己表現のプロセスが重視される活動であり，幼稚園教育要領の理念を具現化する上で，効果的な音楽活動といえるだろう。

(2) 音楽づくりの活動の特徴と意義

　音楽づくりは，あくまでも子どもが主役の活動である。また，「遊び」を音楽的にゲーム化して，創造的な音楽遊びを楽しむこともできる。子どもにとって「遊び」は，生活そのものであり，「遊び」の経験を通して，子どもの感性や創造性が磨かれる。

　また，音楽づくりの活動は，保育者自身がいろいろと工夫を重ねて活動を構成するものであり，オルフ，コダーイ，ダルクローズなど，これまで日本に導入されてきたいろいろな音楽教育の優れた部分をすべて吸収できるよさもある。さて，音楽づくりの活動には，次のような音楽的・教育的意義が考えられる。

〔音楽的意義〕
①子どもが音に耳をすまし音をさがし，音楽をつくる活動であり，子どもの聴く力や発想を生かすことができる。
②音・音楽に対する子どもの感性を高めることができる。
③一人ひとりの子どもの個性的な音楽表現を生かすことができる。
④多様な音楽を受け入れる基礎力を養うことができる。

〔教育的意義〕
①すべての子どもが参加でき，楽しむことができる。
②一人ひとりの子どもの個性や能力などの個人差に対応できる。
③他の子どもと協力して活動する態度を養うことができる。

(3) 音楽づくりのタイプと保育者の姿勢

　音楽づくりの活動は，音楽だけの狭い範囲のものではなく，劇・詩・動き・絵画などさまざまな表現活動と結びついた活動である。

　日本における創造的な音楽づくりの考え方の中には，リズム・旋律・音色などの音楽の構成要素を指導内容と考え，これに発達段階に即した教材のスコープ（範囲）とシークエンス（順序）を関連させ，システム化しようとするものがある。音楽の構成要素を学習させることの大切さは否定できないとしても，それ以上に，子どもが音楽づくりの中で，さまざまな音楽的体験をすること自体が，はるかに意味あることといえる。まずは，表現する楽しさを第一に考えたいものである。

　音楽づくりには，いろいろなタイプの活動があるが，幼児を対象とする場合，次のような活動が考えられる。

　A．音楽遊び
　　　音を聴いたり音を工夫したりする音楽遊び
　B．体による表現
　　　音楽に合わせた身体表現や声や動きによる具体物の表現
　C．音具や楽器による表現
　　　音具（音の出るもの）・手づくり楽器・既成の楽器による音の出し方の工夫や音楽づくり
　D．絵や動作と結びついた表現
　　　絵などで表す楽譜づくりや絵・動きに関する音楽づくり
　E．ドラマ性のある表現
　　　簡単な音楽劇および詩や物語による音楽づくり
　F．即興的な表現
　　　リズムや歌の即興表現およびリズムつなぎ・ふしつなぎ
　G．音楽に合わせたリズムの表現
　　　リズムの工夫を中心にした簡単なアンサンブルづくり

　これらのタイプの活動を具体化していくには，保育者自身が，他人からの借り物でなく，柔軟な感性で，自分の対象としている子どもの実態や要求に適した楽しい活動を工夫しなければならない。つまり保育者自身が創造的でなければ，望ましい結果は得られない。

　音楽づくりの活動では，次のような保育者の姿勢が大切になる。

●子どもとともに，音を探求する仲間になる。

●子どもが自分で活動を進めることができるような援助をする。

●子どものどんな小さな工夫も見逃すことなく認めていく。

●一人ひとりの子どもの個性を大切にする。

●子どもからも学ぼうとする謙虚な姿勢をもつ。

(4) 音楽遊び

　音楽づくりのAの音楽遊びは,「遊びを通しての指導」を中心とする幼児教育にとって最も大切である。

　体の各器官が育つ幼児期の子どもは, 全身が感覚器官のように外に開かれており, 全く無防備に自分を取り巻く人的・物的環境から直接的な影響を受けてしまう。幼児教育が環境を通して行われる所以である。特にドアやカーテンを開ける音, 水や風の音, 掃除機の音, お母さんの話し声などの日常生活の音環境は, 赤ちゃんの時から暮しの中で親しんできている。このような日常の音に耳を傾けることは, 音楽表現行為の前提となる聴く力の育成にとって大きな意味をもつ。幼児が音に耳を傾け反応したり即興的に音を鳴らしたりする音楽遊びは, きわめて音楽的な行為であり, 幼児の望ましい感覚の発達にとって効果的に作用するものなのである。

　ところで音楽遊びには, 伝承的なわらべうた, さまざまな遊び歌, そして創造的な音楽遊びの三種がある。

　じゃんけん, お手合わせ, 絵かき歌などの伝承的なわらべうたや交互唱, カノン, 字抜き歌, 動作付きの歌などの遊び歌は, 一般的に良く知られており幼児教育にも定着している。音を聴いたり音で表したりする音とむき合う創造的な音楽遊びは, 今後の定着と広がりが期待されている。この種の遊びは, 次の二つに大別できる。

① 「音を探し・聴く」音楽遊び
　(a) 音を探したり聴いたりする遊び
　(b) 聴き取った音を真似たり数えたりする遊び
　(c) 動きながら音を聴き取り表現する遊び

② 「音を創り・表す」音楽遊び
　(a) 具体物や想像上の音を描写する遊び
　(b) 視覚刺激によって表現する遊び
　(c) 動きや変化を音表現する遊び
　(d) 動きをともなって音表現する遊び
　(e) 音素材や音具や楽器の奏法を工夫して音表現する遊び
　(f) 音楽やリズムをつなぎ・重ね・組合わせて表現する遊び
　(g) 即興的にリズムやメロディーや音をつくる遊び
　(h) 言葉を唱えて表現する遊び

　①の例では, 1分間目を閉じて集中して音を聴く。(a), 動きながらリズムを聴き取る(c)など動静両面の遊びがある。②の例では,「月と太陽」など様々なテーマで動きと音を表現をしたり (d), 早口言葉やオノマトペで遊ぶ (h) など多様な遊びが工夫できる。

　保育者自身が, 豊かな音の世界に誘う遊びを幼児と一緒に創り出すならば,最も優れた音楽体験を幼児に保障することになるだろう。

(5) 音楽づくりの活動例

音楽づくりの活動学習には，音楽遊びだけでなく，いろいろなタイプの活動がある。本来，音楽づくりの活動は，子どもの発想を生かしながら保育者が自ら工夫して展開すべきものである。ここでは，いくつかのタイプの活動が総合的に含まれる事例について簡単に述べる。

これらを参考にしながら，さまざまな活動を工夫するとよい。

〈事例1〉「乗り物の音はどんな音？」

(1) 乗り物の歌をつくる。〔Fの活動〕

既成の乗り物の歌を使って活動することもできるが，歌づくりから入るならば，いっそう創造的に活動を展開することができる。保育者が，短い歌詞を示し，子どもが即興的にうたった旋律の中からうたいやすい例を一つ取り出し，みんなでうたう。（歌づくりがむずかしければ，次の例1，2をうたう。）

(2) 乗り物の絵（楽譜としての絵）を描く。〔Dの活動〕

どんな乗り物があるかを，みんなで相談する。次に，好きな乗り物の音を自由に想像しながら，子ども一人ひとりが，4から6種の乗り物の絵と音言葉を描き，自分の乗り物の楽譜をつくる。

（描き方のポイント）

・できるだけ大きく描く。　・声で音を表現しながら描く。

・音の高低，続く・途切れるなどの感じを工夫して絵に描く。

(3) 歌の中に乗りものの音の表現を挿入する。〔Bの活動〕

全員が一斉に自分の乗り物の音を声で表現する。声の出し方の工夫ができてきたら，(1)でつくった歌をみんなでうたいながら，歌と歌の間に2・3人いっしょに，自分の乗り物の楽譜を使って，自由に乗り物の音を表現する。つまり歌をテーマとするロンド形式の中で，声を使って乗り物の音を表現するのである。

この事例と同じような展開で，「かえるの声」の表現や「虫の声」の表現を楽しませることができる。

〈事例２〉「音の出るおもちゃで音楽をつくろう！」

（1）音の出るおもちゃを使った音楽遊びをする。〔Aの活動〕

　音の出る，または音の工夫ができるおもちゃを集める（おもちゃがなければ，音が鳴るものならどんなものでもよい。）そして，おもちゃを使った音楽遊びを行う。音楽遊びの例を挙げておこう。

●音楽遊び１

　・何人かで円をつくり，順番をきめ，一人ひとりおもちゃを持つ。

　・保育者は子どもが知っている短い歌をうたう。または楽器で演奏する。この間，子どもはおもちゃを時計回りに隣の子に渡す。

　・一回曲が終わるたび，そのとき回ってきたおもちゃを工夫して鳴らす。このとき，はじめは順番に，次に全員で音を鳴らす。

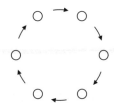

●音楽遊び２

　・3・4人ずつグループをつくり，順番をきめる。

　・音楽ゲーム１と同じようにグループの中でおもちゃを回すが，こんどは静かに回して，保育者の合図（太鼓の音や鐘の音など何でもよい。）でストップする。

　・保育者はグループのシンボルカード（動物や植物など）を示す。カードを示されたグループの子どもだけが，それぞれ，そのときに手にしていたおもちゃを使い，音を工夫して自由に鳴らす。ただし，○カード（例えば，森や花壇）は全員で音を出す。

　・保育者は，全体構成を考えてカードを示すようにする。

（2）グループで，おもちゃによる音楽をつくる。〔Cの活動〕

　　3・4人のグループで，おもちゃを使った音楽づくりを楽しむ。保育者は，どんな順番で鳴らすのか，どんな音で鳴らすのか，どんな音楽にしたいのか（静か，にぎやか，具体的な何かを表すなど）を問いかける。相談しながらおもちゃによる音楽をつくり，他の子どもやグループの音楽をお互いに楽しく聴き合う。

〈事例３〉「宇宙に遊びにいこう！」

（1）うたったり，動作を工夫したりする。〔Bの活動〕

　　「きらきら星」をうたいながら，歌に合わせて自由に動く。

（2）宇宙の絵を描く。〔Dの活動〕

　　宇宙のイメージの音楽を聴きながら，宇宙の絵を描く。

（3）絵を見ながら宇宙の物語をつくり，役割を分担して動作や音を工夫する。〔Eの活動〕

　宇宙を探検する人，宇宙の音，星や太陽など登場するものをきめ，役割分担して宇宙を表現する。それぞれの惑星に入るときの音の暗号を工夫させたり，模倣させるのもおもしろい。不思議な音を発見させるとよいだろう。ドラマ性のある活動は，子どもが好きな「ごっこ遊び」の延長線上にあり，さまざまなバリエーションが考えられる楽しい活動である。

III　音楽の基本的な理論・技能

1　楽　　典

楽典とは，音楽を楽譜に記すときのさまざまな約束ごとである。
　楽典の内容としては，音の高低，音の長短，音の強弱，演奏上の
記号・標語などであるが，これらはすべて音楽に使う音（楽音）に
関することがらである。

（1）　譜　　表

① **五線と加線**　　音の相対的な高低を，五線を用いて記譜す
る。
　五線内に記譜できない高い音や低い音は，加線（短い線）
を用いる。

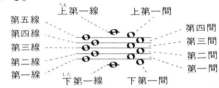

② **オクターブ記号**　　加線が多くなると読みにくくなるので，
オクターブ記号を用いることがある。

③ **音部記号**　　音部記号を用いて，絶対的な音の高さが示さ
れる。

　　高音部譜表（ト音記号による譜表）

　　低音部譜表（ヘ音記号による譜表）

　大譜表　高音部譜表と低音部譜表を縦線と弧線で結んだも
　　　　のである。ピアノ・オルガンやハープのような演奏
　　　　音域の広い楽器や混声合唱などに用いる。

(2)　音　名

それぞれの高さの音につけられた固有の名称である。

① **幹　音**　　変化記号によって変化されていない音を幹音という。それらにつけられた名称（幹音名）は，国によって呼び方が異なる。

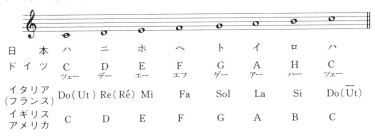

日　本	ハ	ニ	ホ	ヘ	ト	イ	ロ	ハ
ド イ ツ	C ツェー	D デー	E エー	F エフ	G ゲー	A アー	H ハー	C ツェー
イタリア （フランス）	Do(Ut)	Re(Ré)	Mi	Fa	Sol	La	Si	Do(Ut)
イギリス アメリカ	C	D	E	F	G	A	B	C

② **派生音・変化記号**　　幹音に変化記号（♯，♭等）がつけられて変化した音を派生音という。

変化記号には，次のものがある。

♯	嬰記号　（シャープ）	半音上げる。
♭	変記号　（フラット）	半音下げる。
𝄪(♯♯)	重嬰記号（ダブルシャープ）	半音2個分上げる。
♭♭	重変記号（ダブルフラット）	半音2個分下げる。
♮	本位記号（ナチュラル）	♯や♭で変化した音をもとの音にもどす。

♯と♭のついた音名

日　本	嬰ハ	嬰ニ	嬰ホ	嬰ヘ	嬰ト	嬰イ	嬰ロ	嬰ハ
ド イ ツ	Cis チス	Dis ディス	Eis エイス	Fis フィス	Gis ギス	Ais アイス	His ヒス	Cis チス
イギリス	C sharp	D sharp	E sharp	F sharp	G sharp	A sharp	B sharp	C sharp

日　本	変ハ	変ニ	変ホ	変ヘ	変ト	変イ	変ロ	変ハ
ド イ ツ	Ces ツェス	Des デス	Es エス	Fes フェス	Ges ゲス	As アス	B ベー	Ces ツェス
イギリス	C flat	D flat	E flat	F flat	G flat	A flat	B flat	C flat

(3)　音符と休符

①　単純音符，単純休符の長さ

音　　符		長さの割合 (♩を1として)	休　　符	
全　音　符	𝅝	4	▬	全　休　符
二　分　音　符	𝅗𝅥	2	▬	二　分　休　符
四　分　音　符	♩	1	𝄽	四　分　休　符
八　分　音　符	♪	½	𝄾	八　分　休　符
十六分音符	♬	¼	𝄿	十六分休符
三十二分音符	♬	⅛	𝅀	三十二分休符

にぶおんぷ　にぶきゅうふ
しぶおんぷ　しぶきゅうふ
⋮　　　　　⋮
といってもよい。

②　付点音符，付点休符の長さ

付　点　音　符		長　さ	付　点　休　符		長　さ
付点全音符	𝅝·	𝅝 + 𝅗𝅥	付点全休符	▬·	▬ + ▬
付点二分音符	𝅗𝅥·	𝅗𝅥 + ♩	付点二分休符	▬·	▬ + 𝄽
付点四分音符	♩·	♩ + ♪	付点四分休符	𝄽·	𝄽 + 𝄾
付点八分音符	♪·	♪ + ♬	付点八分休符	𝄾·	𝄾 + 𝄿
付点十六分音符	♬·	♬ + ♬	付点十六分休符	𝄿·	𝄿 + 𝅀

③　複付点音符，複付点休符の長さ

複付点音符		長　さ	複付点休符		長　さ
複付点全音符	𝅝··	𝅝 + 𝅗𝅥 + ♩	複付点全休符	▬··	▬ + ▬ + 𝄽
複付点二分音符	𝅗𝅥··	𝅗𝅥 + ♩ + ♪	複付点二分休符	▬··	▬ + 𝄽 + 𝄾
複付点四分音符	♩··	♩ + ♪ + ♬	複付点四分休符	𝄽··	𝄽 + 𝄾 + 𝄿

④　連　　符

単純音符は，すべて偶数に分割される。ところが，実際の音楽では，変化をつけるために，2分割されるべき音符を3分割したり，3分割されるべき音符を2分割する場合がある。そのひとかたまりの音符を連符とよぶ。このような連符は，すべて⌐3⌐のような記号をそえて表す。

	三　連　符	五　連　符	六　連　符	七　連　符
𝅝	𝅗𝅥𝅗𝅥𝅗𝅥 ₃	♩♩♩♩♩ ₅	♩♩♩♩♩♩ ₆	♩♩♩♩♩♩♩ ₇
𝅗𝅥	♩♩♩ ₃	♪♪♪♪♪ ₅	♪♪♪♪♪♪ ₆	♪♪♪♪♪♪♪ ₇
♩	♪♪♪ ₃	♬♬♬♬♬ ₅	♬♬♬♬♬♬ ₆	♬♬♬♬♬♬♬ ₇

(4)　リズムと拍子

音が持続するとき，それをなんらかの方法（たとえば，休止，長短，強弱，等）によって時間的な刻みを感じさせる場合がある。その刻みが，リズムである。

①　**拍と拍子**　一定の時間ごとに刻まれる単位が拍（beat）である。何拍めかに強い拍がおかれ，それらが周期的にくりかえされて拍子ができる。

つぎの例は，3拍ごとに強い拍がおかれている。このような曲を3拍子という。また，強い拍を強拍，それ以外の拍を弱拍という。

②　**拍子記号**　「何拍子の曲であるか」と「どの音符を1拍にきめたか」ということを，拍子記号によって示す。

$\frac{4}{4}$拍子はC，$\frac{2}{2}$拍子は₵で表わされることもある。

③　**小節と小節線**　拍子を明確に表すために，五線に垂直な縦線（小節線）が用いられる。縦線により強拍の位置がよくわかる。縦線と縦線のあいだを小節という。

曲の段落，曲の終止，反復記号，等のときには複縦線や終止線が用いられる。

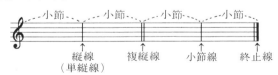

④　**強起と弱起**　強拍（第1拍）から始まる曲を強起の曲という。それ以外の拍から始まる曲を弱起の曲という。

⑤　**シンコペーション**　　強拍を移動することによって，強弱
の位置が変わる。これをシンコペーションといい，つぎのよ
うな場合に生ずる。

イ　音符による強弱の移動。

ロ　2小節にまたがるタイによる強弱の移動
　　（タイは同じ高さの音を小節内または縦線をまたいで結ん
　　だ音）

ハ　強拍部の休符による強弱の移動。

ニ　スラー（フレージング）による強弱の移動。
　　（スラーは高さの異なる音をレガートに奏する）

ホ　記号（ *sf* や＞）による強弱の移動。

(5)　**音程**

　2音間の高さのへだたりを音程といい，完全，長，短，増，減
の性質をもった語を冠した度数で示す。

①　**全音階的音程**　　全音階は，5つの全音と2つの半音をも
っており，それらがつくる音程は以下の通りである。

完全1度　　　完全1度　　　完全8度　　完全8度
（ユニゾン）　（ユニゾン）　（オクターブ）（オクターブ）

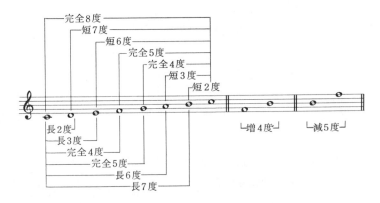

②　**全音階的半音と半音階的半音**
　　つぎの2種類がある。

　全音階的半音　　　　　　　　半音階的半音

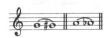

　　　　　　　　　　　　　　（同度でつくられる半音）

③　完全音程の度数と長・短度数の関係

（6）　音階と調

　ある音を起点として，1オクターブの間を特定の秩序にしたがって配列した音列を音階という。その音列は，民族や時代により多種多様である。

①　**長　音　階**　音階は，2つの同じ音列からなる。即ち，音階の第1の音から第4の音の音列と，第5音から第1（8番め）の音の音列である。その4音の音列をテトラコードという。

長音階，短音階ともに，すべての幹音および派生音を主音として構成することができる。

②　**短　音　階**　短音階には，自然的短音階，和声的短音階，旋律的短音階の3種類がある。

③　**調子記号**（○は長調，●は短調の主音）

(7) 近親調と遠隔調

① **近親調**　各々の調をくらべると，互いに共通する音を多くもっていたり，主音が同じであったりする場合がある。このような関係にある調を近親調という。近親調の範囲は，国により，場合により，必ずしも一定ではないが，下の表の関係は，特に密接な近親性を示すものである。

（ア）同じ調号の長調と短調の関係を平行調という。

　　（例　ハ長調とイ短調，ト長調とホ短調など。）

（イ）主音が同じ長調と短調を同主調という。（同名調ともいう。）（例　ハ長調とハ短調，ヘ長調とヘ短調など。）

　　旋律または曲全体を他の調に移しかえることを移調という。また，曲の途中で調がかわることを転調という。

　　近親調（平行調，同主調）は，お互いに近い関係にあるので，転調がスムーズにできる。

ハ長調とイ短調の近親調

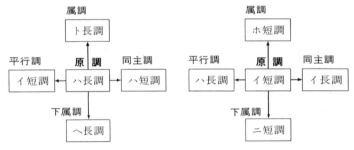

五 度 圏 図

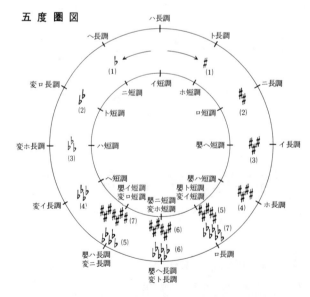

② **遠隔調**　一般に，原調から離れた位置にある調を遠隔調とよぶ。

(8)　楽語，記号，略語

①　**速度を示す表示法**

Adagio	（アダージョ）	ゆるやかに
Grave	（グラーベ_{ヴェ}）	重々しくゆるやかに
Largo	（ラルゴ）	幅広くゆるやかに
Lento	（レント）	ゆるやかに
Andante	（アンダンテ）	ゆっくり歩くような速さで
Moderato	（モデラート）	中ぐらいの速さで
Allegro	（アレグロ）	速く
Vivace	（ビバーチェ_{ヴィヴァ}）	活発に速く
Presto	（プレスト）	急速に

M. M. ♩ = 88　　（♩を1分間に88打つ速度を示す）

　　　　♩ = 88〜104

　　　　♩ = ca112（ca は circa の略。"およそ"の意味）

a tempo（ア・テンポ）もとの速度で

Tempo I〔tempo primo〕（テンポ・プリモ）最初の速さで

M.M.
Melzels Metronome の頭文字。
1分間の拍数を数字で表したものである。

②　**楽語にそえる用語**

molt	（モルト）	非常に
poco	（ポーコ）	少し
poco a poco	（ポーコ・ア・ポーコ）	少しずつ
sempre	（センプレ）	常に
meno	（メーノ）	より少なく
più	（ピゥ）	よりいっそう

③　**強弱にかんする楽語，記号**

pp（ピアニッシモ）		ごく弱く
p（ピアノ）		弱く
mp（メッゾ・ピアノ）		やや弱く
mf（メッゾ・フォルテ）		やや強く
f（フォルテ）		強く
ff（フォルティッシモ）		ごく強く
＞ ∧（アクセント）		アクセントをつけて

④　**速度および強弱の変化を示す楽語**

cresc.	〔crescendo〕	（クレシェンド）	だんだん強く
decresc.	〔decrescendo〕	（デクレシェンド）	だんだん弱く
dim.	〔diminuendo〕	（ディミヌエンド）	だんだん弱く
accel.	〔accelerando〕	（アッチェレランド）	だんだん速く
rall.	〔rallentando〕	（ラレンタンド）	だんだんゆるやかに
rit.	〔ritardando〕	（リタルダンド）	だんだん遅く
riten.	〔ritenuto〕	（リテヌート）	すぐに遅く

⑤ 奏法に関する楽語，記号

arpeggio〔アルペッジョ〕　分散和音のように奏する。

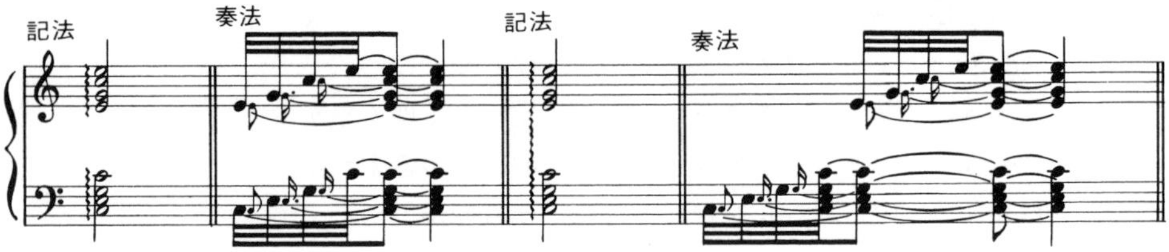

glissando（gliss.）〔グリッサンド〕　高さの異なる２音間を，
滑らせるように経過的に奏する。

※*gliss.*の記号を省略することもある。

trill　〔トリル〕

legato〔レガート〕　音と音の間を切らずになめらかに奏する。スラー ⌒ をつけて表す。

staccato〔スタッカート〕　音と音の間を明瞭に切って奏する。

tenuto〔テヌート〕　その音の長さを十分に保って。

Fermate　〔フェルマータ〕

がついた音符や休符を，任意の長さにのばす。普通，本来の長さの２～３倍以内である。

⑥　反復記号と省略記号

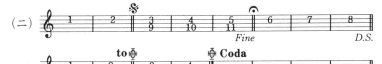

（イ）𝄆　　𝄇　　　　リピートにはさまれた部分を，もう1
　　　　　　　　　　度くりかえす。

（ロ）⌐1.⌐　⌐2.⌐　　1番かっこ，2番かっこ

（ハ）　　*D.C.*　　　　ダ・カーポ　曲頭にかえれの意。この
　　　　　　　　　　場合は，最初から *D.C.* まで奏し，曲
　　　　　　　　　　頭にもどって　*Fine*〔フィーネ〕で終
　　　　　　　　　　わる。
　　　　　　　　　　　⌢ が複縦線の上に書かれた場合は，
　　　　　　　　　　終わりを示す。

（ニ）　　*D.S.*　　　　ダル・セーニョ　𝄋 のところにかえる。

（ホ）　　⊕　　　　　反復する部分の ⊕ から，次の ⊕ ま
　　　　　　　　　　たは Coda へとんで奏する。

　　　　Coda　　　　コーダ（結尾句）

2 コードネームの基礎

コードネーム（Chord Name）の学習をはじめる前に

幼稚園教諭や保育士は，保育の現場においてさまざまな教材曲を取り上げるとき，鍵盤楽器などで伴奏を弾くことが多い。それらの曲の中には，ていねいに練習して，楽譜通りに演奏しなければならない曲もないではない。しかし，即興的な簡易伴奏をした方が，幼児の動きなどのそのときどきの状況に応じることができるので，はるかに役立つことが多い。

その即興的な簡易伴奏を弾くとき，威力を発揮するのがコードネームの知識である。楽譜には，C，G₇，Am，Dmなどのように，コードネームがつけられているものがある。それはいうまでもなく，その方が利用者にとって便利だからである。ギターやアコーディオンでは，ポジションさえ覚えれば，簡単にそのコードの音を弾くことができるし，電子楽器では指1本で自動的に伴奏してくれるものまで現れた。

ここでは，コードネームで表わされた和音の構成音は何か，ということの理解を中心としながら，コード進行の理解も深めたい。単にまる暗記して覚えるのではなく，より自由にコードネームを扱えるように，また楽譜をみてコードネームを書き込んで弾けるようになってほしいと思う。

また，ここで改めて強調しておきたいのは，コードネームの理解を深めるためには，音程の知識が必要だということである。コードネームの学習を進めながら，繰り返し音程の練習をしていくことが大切である。できれば8度（1オクターブ）以内の音程だけでなく，15度までの音程についてもスラスラとわかるようにしたい。

（1）コードとは

コードネームのコードとは和音のことである。和音の表し方には，I，IV，Vのように，度数で表す方法もある。これはその和音の，機能などを知るうえでは便利であるが，調が変わるごとに構成音が変わるので，初心者にとっては，たいへんわずらわしいものである。その点，コードネームは調が変わっても基本的な構成音は変わらないので，とてもわかりやすくなる。

和音とは〔譜1〕のように，ある音（根音）の上へ，**3度ずつ重ねた音**のことをいう。そしてその音は，〔譜2〕のように転回しても基本的構造は変わらない。また，和音が3度ずつ重ねて作られる

ということを原則とするならば，〔譜3〕のように重ねられた和音
も可能性として十分考えられることになる。

譜 3

　しかしここでは，下部3声，または下部4声を基本コ
ードということにし，コードネームの知識で最小限必要
とするものだけに範囲を限って述べることにする。

（2）　3声の基本コード（下部3声）について

　3声の基本コードには，〔譜4〕のように5つの種類があり，こ
れらはまずアルファベットの**大文字**で表わされる。そしてその大文
字は，コードの**根音**を表わしている。

譜 4

　また，コードネームは**英語音名**ということである。例えば変ロ音
は，英語ではB♭（ビーフラット）であるが，独語ではB
（ベー）である。ロ音は英語でB（ビー）であり，独語で
はH（ハー）である。この2つの音は混同しやすいので，
特に注意が必要である。〔譜5〕

譜 5

①　長3和音〔譜6〕

　大文字1つで表わされる。根音と第3音が長3度，第3音と第5
音が短3度，根音と第5音が完全5度の関係である。

譜 6

②　短3和音〔譜7〕

　大文字の音名に，小文字のm（マイナー）を加えて表わす。根音
と第3音が短3度，第3音と第5音が長3度，根音と第5音が完全
5度の関係である。

譜 7

③　増3和音〔譜8〕

　aug（オーギュメント）を付けて表
わす。根音と第3音が長3度，第3音と
第5音も長3度，根音と第5音が増5度

譜 8

の関係である。この和音は，ドミナント（属和音—後述）としての機
能をもっている。またaugは+5と表わすこともある。

④　減3和音〔譜9〕

　dim（ディミニッシュ）またはm(−5)（マイナー・フラットファイ
ブ）を付けて表わす。根音と第3音が短3度，第3音と第5音も短

3度，根音と第5音が減5度の関係である。dimとm⁽⁻⁵⁾とは厳密には異なるコードであるが，4声の基本コードで考えたほうがわかりやすいので後述する。

譜　9

なお，dimは，例えばCdimの場合 C°と表わすこともある。

⑤　**サスペンデッド・フォー**（略称サスフォー）〔譜10〕

sus4を付けて表わす。サスペンデッドは物を吊すというような意味で，サスティンの延長するという意味が合わさったものであろう。長3和音の第3音が半音（短2度）高く吊られているような状態であるので，〔譜11〕のようにsus4にあたる音が半音下がって，基本的な和音に解決しようとする力（ドミナント的性格）をもっている。この和音は，楽典の中で扱われるような基本的な和音になく，やや特殊な和音なので日本語名がない。しかし，曲の中では，頻繁に使用される。

譜　10　　　　　　　　　　　　　　　　　　　　　　　譜　11

(3)　音階の中にできる3声の基本コード〔譜12〕

音階の中にできるコード（ダイアトニック・スケール・コード）は，度数によって種類が違ってくる。これらのコードの中で，主音（Ⅰ）を根音とするコードをトニック（T）といい，第5音（Ⅴ）を根音とするコードをドミナント（D）という。特にドミナントは属和音といい，調を決定するための重要な和音である。なお，度数は，機能に加えて和音の種類もわかるよう，独特の表わし方をしている。短調の音階の♭Ⅲなどは，主音から第3音の音程が，長調の音階よりも半音低いという意味で♭をつけている。譜例は，ハ長調とイ短調のみであるが，当然，他の調でも構成音を確かめる必要がある。

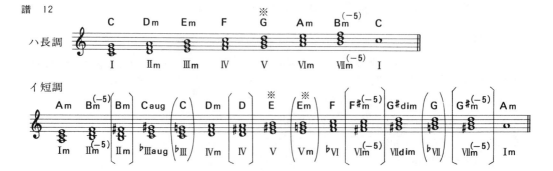

譜　12

（　）は自然的短音階，〔　〕は旋律的短音階，（　）〔　〕のない和音は，和声的短音階か，その他の音階と共通する和音である。

（4）Tension　テンション（付加音）

　一般的には，1オクターブ（完全8度）を越えて積み重ねられる音をテンションというが，ここでは，3声の基本コードの上に積み重ねられる音を，すべてテンションとして扱う。

① 6th　シックスス〔譜13〕

　3声の基本コードに長6度の音を付加したコードである。6の数字を加えて表わす。このコードは，トニックのコードや第4音を根音とするサブドミナントのコードによく現われる。

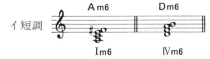

② 7th　セブンス〔譜14〕

　3声のコードに短7度の音を付加したコードである。7の数字を付けて表わす。長3和音に短7度の音を付加したコードは，特に，ドミナントセブンス（※印）という。

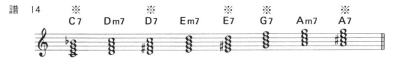

③ Major 7th　メイジャー・セブンス

（略号△7，M7，maj7）〔譜15〕

　3声の基本コードの上に長7度の音を付加したコードである。7thは根音より短7度の関係にあるが，それに対して，この音は，長7度の関係にあるので，メイジャー・セブンスというよび方をする。多くの場合△7と略号で表わすが，M7と表わすことも多く，長調のトニックやサブドミナントによく見られる。

④ 1オクターブを越える音〔譜16〕

　9th，11th，13th，の音をいう。テンションの積み重ね方は，長調のVのコードに積み重ねられる音を基本とするので，その数字だけがついた場合，9thは根音より長9度（長2度），11thは根音より完全11度（完全4度），13thは根音より長13度（長6度）の付加音である。これらの音は，基本コード（下部3声）をわかりやすくするために（　）をつけて表わすが，付加音に変化がない場合は省く場合も多い。

テンションには，オミットやサポートなどのさまざまな問題があ
り，積み重ね方は〔譜17〕のように多様である。

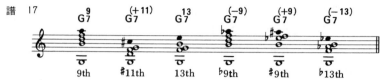

譜　17

なお，♮11thは，アヴォイドや倍音などの問題があって，テンシ
ョンとして使用する場合は，♯11thとして使用することが多い。

これらは相当に複雑なので，ここでは取扱わないが，〔譜17〕を
参考にし，実際の音で雰囲気だけは味わってみてほしい。

(5) ＋(シャープ) と －(フラット)

コードは，いつも基本的な形で積み重ねられるとは限らず，特に
付加音は，♯したり♭したりすることが多い。そこで，変化する音
を（　）の中に表わす。＋(プラス)は♯，－(マイナス)は♭
の意味である。♯や♭で表わす方法もあるが，根音
が変化する場合と混同しやすいので，＋や－で表
わすほうがポピュラーである。〔譜18〕

また，テンションは，前述したように，Vの和
音の上に積み重ねられることを基本とするので，
その音が変化した場合の表し方は，〔譜17〕を参考
にして確かめることができる。

譜　18

譜　19

なお，augや△7は，＋や－の意味を考えると，augは$^{+5}$，△7は
$^{+7}$というようにも表すことができる。〔譜19〕

(6) dim と m7$^{(-5)}$ の違い

dimとm7$^{(-5)}$は，下部3声が同じなので混同されやすいが，〔譜20〕
のように，実際は異なるコードである。このことは，〔譜21〕のよ
うに，同主調であるハ長調とハ短調の例で比較してみるとわかりや
すい。いろいろな出版物や楽譜集の中にも，dimとm7$^{(-5)}$の間違い
や混同が多くみられ，特に注意したい。

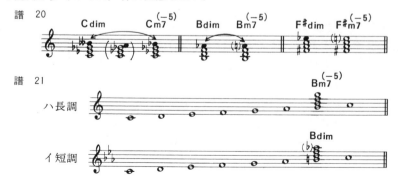

譜　20

譜　21

① dim　ディミニッシュ

　減3和音の上に減7度（場合によっては長6度）の音が付加され
たコード。どの音も短3度（場合によっては増2度）ずつ重ねられ
た関係にあるので，転回してもやはり同じように，短3度ずつの関
係になる。〔譜22〕は頭の大文字は違うが，構成音は全く同じある。

② m₇⁽⁻⁵⁾　マイナー・セブンス・フラット・ファイブ〔譜23〕

　減3和音の上に短7度の音が付加されたコードである。
dimとの違いに留意する必要がある。

(7) 音階の中にできる4声の基本コード（下部4声）〔譜24〕

　3声の基本コードより，コードとしての性格（個性）が強くなる。
コードネームの学習は，この4声の基本コードで考えることの方が
多い。

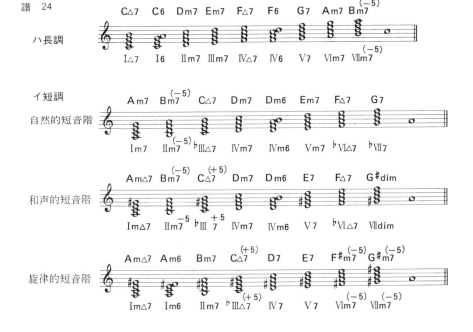

(8) add　アッド

　いろいろな出版物や楽譜集を見ると，C₉やC△₉のようなコード
ネームに出合うことがある。C₉はC₇のコードに9thの音を付加し
たC₇⁽⁹⁾であり〔譜25〕，C△₉はC△₇のコードに9thの音を付加した
C△₇⁽⁹⁾であるが，実際の演奏では7thの音は重ねず，9thの音だ
けを付加したほうがよい場合も多い。その場合に，add〔譜26〕を

用いる。〔譜27〕によりその響きの違いを確認することができる。

※　長調のトニックⅠ（ハ長調の場合はC）やサブドミナントⅣ（ハ
　長調の場合はF）には，ほとんどの場合，6thか$_{△7}$，そして^{add9}のい
　ずれかを付加することが可能である。

（9）on Bass　オンベース

　コードは，転回しても，構成音そのものに変わりがない。しかし，
機能やベースラインの関係から，どういった転回かを，はっきりと
指定しなければならないことがある。そうしたときに，このオンベー
スを用いる。

　Cの第1転回型は〔譜28〕のようになる。表記の方法は，C^{onE},
C^{BassE}，$\frac{C}{E}$，C/Eといろいろあるが，C^{onE}かC^{BassE}の表し方に慣れた
ほうがよい。

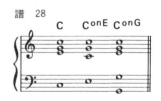

　同様に第2転回型は，C^{onG}と表わす。

　さて，和音は，3度ずつ重ねて作られるのが原則である。ハ長調
のドミナントであるG_7は，〔譜29〕のような積み重ね方が可能であ
る。しかし，この積み重ねた音をこのまま全部出すと，ドミナント
の機能が失なわれ，コードとしての音色がいちじるしく損なわれる。
そこで，オンベースを使うことによって機能も失なわず，テンショ
ンの音も入った豊かな響きを出すことができる。〔譜30〕のDm_7^{onG},

$Dm_7^{(9)onG}$，$F_{△7}^{onG}$は，基本的にはいずれもG_7であり，
ドミナント7thであるが，G_7よりもより深い響き
が得られる。

　また，低音部の持続音も，コードネームで表わ

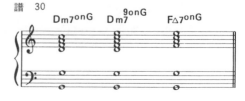

すと，On Bass である。持続音は多くの場合，Ⅰの根音か，Ⅴの根音であり，曲の前奏，間奏，後奏によく用いられる。〔譜31〕は全体としては，G₇であるが，あえて１つ１つの和音にコードネームをつけている。

譜　31

〔譜32〕もOn Bassを使った譜例である。〔譜33〕はここまで学習したコードを使ったコード進行の譜例である。

譜　32

譜　33

（10）Dominant 7th　ドミナント・セブンス

それぞれの調のⅤ₇は，ドミナント７thといって，調を決定するうえで重要なコードであり，Ⅰ（主音）を根音とするコードに解決しようとする働き（機能）をもっている。例えば，G₇はC（あるいはCm）へ，E₇はA（あるいはAm）へ解決しようとする。

これは，やや複雑な問題であるが，〔譜34〕のように，ドミナント７thにはトライトーン（三全音）が含まれるからである。なお，解決は，Ⅴ₇よりⅡm₇　Ⅴ₇　Ⅰの方が，いっそうスムーズな進行が得られる。また，augもトライトーンはないが，〔譜35〕のように解決する力をもっているのでドミナントである。

さて，このドミナント７thは，ハ長調の場合，C（Ⅰ）にとってはG₇であるが，実は，ほとんどのコードがこのドミナント７thをもち得るのである。例えばDm₇（Ⅱm₇）にとってはA₇であり，C₇（Ⅴ₇）にとってはD₇である。こうした音階の中には現われない和音のことを借用和音と呼ぶ。よって〔譜36〕のコード進行は〔譜37〕のように置き換えることができる。

特にⅡ₇は，幼児向けの教材をはじめよく使われるコードで，ド

譜　34

譜　35

ッベルドミナントともいい，D₂，$\frac{V}{V_7}$またはⅤのⅤ₇と表わす。終止するメロディーが，特に移動ドでミ・レ・ドとなったときは，ほとんどの場合，Ⅱ₇$^{(9)}$→Ⅴ₇→Ⅰのコード進行を試してみることが可能であり，Ⅰ→Ⅴ₇→Ⅰよりも〔譜38〕のように，一段と豊かな響きになる。この他のメロディーでも，〔譜39〕のように，Ⅱ₇はよく用いられる。

〔譜40〕の３例はⅡ₇$^{(9)}$を使った例であり，階名のミに当たる※印の音は，それぞれⅡ₇の９thの音である。

（11）今後の学習にあたって

　コードネームの周辺には，量的にも質的にも多くの問題があり，これらの問題をすべて知ることは不可能といってもいいであろう。ここまで取り上げた問題も，そうした中の，ほんの一部の問題にすぎない。しかし，学習者自身が，さまざまな出版物や楽譜集でコードネームを目にしたとき，そのコードネームがどういった構成音を示しているのかということについては，ここでの学習を基にすれば理解できるはずである。

　幼稚園教諭や保育士は，コードネームだけを見て簡易伴奏をしたり，また，簡単なメロディーの曲であれば，コードネームを自分でつけられるようになってほしい。少なくとも，長3和音（ハ長調であればC，F，G）や短3和音（ハ長調であればDm，Em，Am）に限っては，自由自在につかえるよう，練習されるよう期待している。

　そのためには，はじめにも述べたように，音程の練習を繰り返し行うことが最も効果的な方法である。そして，コードネームがついていない曲には，さぐり弾きをしながらでも，自分流によいと思われるコードをつけてみることが必要である。

　コードネームに関してここで述べられていないことは，まだまだ多い。転回や読替えによって解釈される代理コードと呼ばれるもの，いくつかのコードを連続的に用いて効果的な表現を可能にするコード・パターン，マーチやエイト・ビートなどのリズムパターンに関する学習はたいへん重要である。スムーズなコード進行に生き生きとしたリズムの動きをともなわせることができれば，曲想は一そう血の通ったものになるであろう。

　また，さらに学習を深めるには，和声学や対位法の勉強をするとよい。加えて，簡単なアドリブができると，前奏や間奏が自在にできるようになるので，ジャズ理論の勉強を特にすすめたい。

　しかし，ここでの学習で何より大切なことは，知識の量よりも，いかに実践を行うかということである。

〔**参考文献**〕　Jazz Sutdy by 渡辺貞夫　（日音楽譜出版社）

3　即興的な伴奏法

　子どもたちとうたったり，音楽活動をしたりするとき，楽器による伴奏を必ずしも必要としない場合があるが，音楽的感覚の一番のびざかりの子どもたちと，音楽を表現する，あるいは動きを体で表わすときに伴奏をつけることは，たいへん重要な役割になってくるだろう。

　伴奏をするときには，保育者自身の音楽的感性や能力がそのまま影響を及ぼすだけに，単に楽譜をピアノで弾き表わすだけでなく，その場の雰囲気，子どもたちの反応によって，臨機応変に音楽を変えられる即興力，応用力が必要であろう。そのためには，高度なピアノ演奏をこなす力の必要性より，伴奏づけのための基礎的な知識と，正しいリズム感，そして即興的音楽活動をとらえる目と耳をもつ観点からの練習が望まれる。

　実際に伴奏を弾くときに，楽譜通り正確に弾くことも重要であるが，つぎのことに気を配ることが大切である。

- ●自分の演奏能力に応じて，的確なハーモニーの伴奏が効果的につけられる。
- ●コードネームが付いている曲は，即座にコードがつかめるようにする。
- ●旋律，伴奏が音楽的に美しく表現できる。
- ●楽譜にかじりつきの伴奏ではなく，常に子どもたちの動きを見ながら反応できる余裕がある。
- ●伴奏にともなう歌も，表現力をもって音楽的にうたえる。
- ●リズム，テンポがくずれない。
- ●流れの止まる伴奏より，たとえ楽譜通りでなくてもハーモニーをくずさぬよう，自分なりに簡略化して弾く方がよい。

　基本的には，子どもたちがのびのびとうたい，楽しく音楽を表わすことを主体とする過程が重要なのであり，伴奏は，そのための表現手段のひとつである点を忘れてはならない。自発的で無理のない活動をうながすように心がけ，技術にとらわれず，何よりも伴奏者自身が楽しみながら伴奏できるようになってほしい。

　即興で伴奏ができるためには，和音をすぐつかめるといったような，ある程度実践的な慣れが必要なので，いろいろな調で実際に数多く弾いてみよう。コードネームによる伴奏づけに慣れ，実践されることをおすすめしたい。（2　コードネームの基礎参照）

　なお，即興の実習については，和声音楽に即した基礎的な範囲にとどめることにした。

（1）　主要三和音と副三和音

主音を根音とした三和音を**主和音**（Tonic, Ⅰ の和音）
属音を根音とした三和音を**属和音**（Dominant, Ⅴ の和音）
下属音を根音とした三和音を**下属和音**（Subdominant, Ⅳ の和音）
という。

この三つの和音は，特に重要なので，**主要三和音**とよばれる。

主要三和音に対して，その他の和音を**副三和音**という。

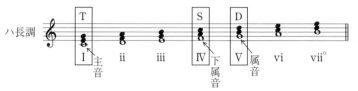

T, S, D は主要三和音，他は副三和音

（和音記号の表示方法）
（コードネームの記号）

長三和音（大文字）	Ⅰ Ⅳ Ⅴ	C F G
短三和音（小文字）	ⅱ ⅲ ⅵ	Dm Em Am
減三和音（小文字°）	ⅶ°	Bm⁻⁵

〔**練習１**〕まず，いくつかの長調の音階を弾いてみよう。さらに
幼児向きの曲でよく使われる長調のⅠ，Ⅳ，Ⅴの和音を
弾いてみよう。

ハ長調（C :）のⅠ，Ⅳ，Ⅴの和音は，コードネームのC, F, Gに，
ト長調（G :）のⅠ，Ⅳ，Ⅴは，コードネームのG, C, Dとなる。

（2）　属七の和音

三和音の上にさらに３度の音をつみ重ねると，七の和音ができる。

この中でも属音を根音とした７の和音は**属七の和音**（V_7）とよ
ばれ，主要三和音と同じように，よく使われる重要な和音である。

七の和音は，根音と第７音の不協和な重なりの響きに特徴があり，
V_7はⅤと同じような役割で使われる。

〔**練習２**〕ハ長調の音階の各音の上に七の和音をつくり，属七の
和音を確認しよう。他の調の属七の和音も弾いてみよう。

$C : V_7$
（V_7のように７をつけて表示）

（3）　和音の転回

三和音の場合，同じ構成音でも組み合わせにより三種類の和音が
考えられる。（C : はハ長調を示す）

⑦　C : Ⅰの基本形……Ⅰ……根音上に三度ずつの音を重ねる。

④　C : Ⅰの第一転回形……I_6（I^1）と表わす。

⑦　C : Ⅰの第二転回形……I_6^4（I^2）と表わす。

C：I₆，I⁶₄を明記せず，単にIと表わすことが多い。

　属七の和音は第三転回形までできるので，4種類の和音になる。実際には響きに影響の少ない第5音を省略して，C：GHFの音で使われることが多い。

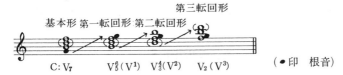

〔練習3〕各調のI，IV，V，V₇の転回形をつぎのような方法で弾いてみよう。（以下（　）はコードネーム）

　何調の何度の和音ということを読みとって，転回形がいろいろなリズムで弾けることは，即興伴奏において大切である。

〔**練習4**〕各調の I の和音を分散和音にして弾いてみよう。

C：I
(C)

〔**練習5**〕 I , V の転回形の分散和音を組み合わせて弾いてみよ
う。各調の I , V も同じように，分散和音をつかめるよ
うにしよう。

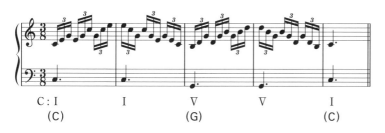

C：I 　　I 　　　　V 　　V 　　　　I
(C)　　　　　　　(G)　　　　　　(C)

〔**練習6**〕リズムをかえて，左手による転回を練習しよう。

C：I

（4）　和音の進行

　和音を使った伴奏をするとき，実際には弾きやすい近い位置でつ
なぎ合わせることが多い。そのためには，つぎの和音の連結を理解
し，音の動きを体得しておくとよい。このような終止感をともなう
和音の連結を**カデンツ（終止形）**とよぶ。

　まず，主要三和音と属七の和音の連結を弾けるようにしよう。

　つぎのことに気をつけて，主要三和音と属七の和音の連結をつく
ってみよう。

　（イ）上三声は隣合う和音に共通音がある場合，その音を合唱の
　　　各パートのメロディーのように，同じ声部におく。

　（ロ）共通音がない場合，上三声はバスと平行に動かないように
　　　してなるべく近い位置へ進行する。

C：I
（C）

　Iの和音の配置が変わることにより，I，IV，V，V₇，Iの連結も上記のａｂｃのように変わってくる。

〔**練習7**〕上記の和音の連結を弾いて，音の動きを覚えよう。慣れるまでは少し難しいかもしれないが，半音ずつ全部上げていき，全調で弾くこともよい練習になるので試みてみよう。

（注）カデンツはここでは密集に限る。

F：I　IV　V　V₇　I　　　G：I　IV　V　V₇　I　　　D：I　IV　V　V₇　I
（F）（B♭）（C）（C₇）（F）　（G）（C）（D）（D₇）（G）　（D）（G）（A）（A₇）（D）

〔**練習8**〕前記ａの和音の動きを左手の伴奏に使った例である。左手の和音を変奏して，さらに調を変えて弾いてみよう。

（きらきら星）

I　　　I　　　IV　　　I　　　V　　　I　　　V₇　　　I
（C）　　　（F）　　　（G）　　　（G₇）　　　（C）

変奏1

変奏2

〔**練習9**〕前記ｂの和音の連結を応用した練習である。階名で旋律をうたいながら弾いてみよう。さらに移調してみよう。

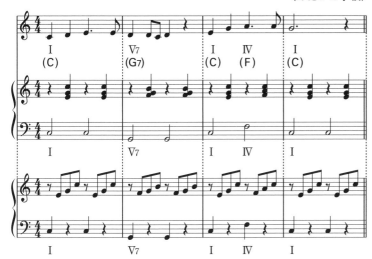

（めだかの学校）

伴奏の形態には，つぎの二つの場合が考えられる。

(1) 右手で旋律をひき，左手が伴奏を受けもつ（例：練習 8）

　　旋律がはっきりしているので，歌を覚える段階に適するが，旋律を明確に，しかもきれいに弾く必要がある。

(2) 歌のメロディーの部分を子どもたちあるいは保育者がうたい，両手でその伴奏を受けもつ（例：練習 9）

　　自信をもって歌がうたえるようになってから使うと，伴奏に厚みが増し，カデンツがそのまま使えるので移調しやすい。

　いずれにしても，その場に応じて臨機応変にこれらを組み合わせた伴奏ができることが必要であり，伴奏に応用するカデンツの配置も，それぞれの歌に合わせ，音域・効果などを考え，よりよい選択をすべきであろう。

（5）　旋律と和音の選択

　旋律は，一般的には和音に支えられているため，旋律から和音を感じとることができる。

　旋律をつくっている音には，和音を構成している音（和声音）と，そうでない音（非和声音）とがあり，和声音が非和声音をともなって流れをつくっている。したがって，和声音と非和声音とを判別することによって，その旋律に，どのような和音がつけられるかを考えることができる。

　和声音は，伴奏の和音に含まれる音であり，リズムの強拍にあたる音※や，跳躍する音にあたることが多い。非和声音を見いだすことにより，その存在がよりはっきりする。

　伴奏の和音をきめるには，まず，その旋律が何調であるかを調べ，その調の各和音の構成音を考えた上で，旋律の流れや響きから，ど

※例外として非和声音の転過音などがある。

の和音が適当であるかを考える。

　響きの感じ方や伴奏型によっても，伴奏の和音づけは変わってく
るが（練習13. 14参照），慣れてくると，感覚的に判断できるよう
になるであろう。

　（例）ハ長調の和声音で考えられる和音

　一つの音に対していくつかの和音が考えられるとき，あるいはど
の転回形を使うかについては，つぎの点を考慮する。※

　（1）曲の始めと終りはⅠ。

　（2）曲の終りのⅠの和音の前はⅤ₇が多い。（例外でⅠ—Ⅳ—Ⅰで終
　　る変格終止※がある。）

　（3）Ⅳ→Ⅴの進行はよいが，Ⅴ→Ⅳの進行は原則としてさける。

　（4）旋律に導音（音階の第七音）があるとき，伴奏音の導音重複
　　をさける。

　（例）

　（5）平行8度，平行5度ができないように，和音の配置を考える。

　（例）

　（6）　非和声音

旋律の中で，和声音でない音を非和声音という。

※近・現代の曲は，和声の
　進行が自由になり，あま
　りこだわらなくなってき
　ている。
※女性終止・アーメン終止
　ともいう。

（ロンドン橋）

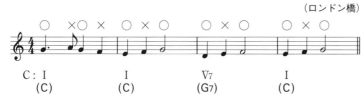

C：I （C）　I （C）　V₇ （G₇）　I （C）

○印—和声音
×印—非和声音

非和声音にもいろいろな種類があるが，つぎに，よく使われるものをとりあげよう。

（1）経過音（カと略）

　最もよく出てくる非和声音で，３度違いの和声音の間を順次つなぐ音を経過音といい，弱拍部にあらわれる。

C：I

（2）補助音（ホと略）

　一つの和声音からその二度上，あるいは二度下へ往復するとき，この二度上や下の音を補助音といい，弱拍部になる。

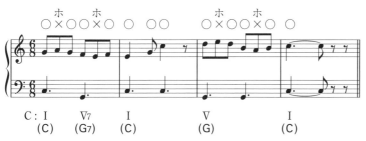

C：I （C）　V₇ （G₇）　I （C）　V （G）　I （C）

（3）先取音（セと略）

　つぎにくる和音の構成音を先取りする音。弱拍部にあたり，フレーズの終わりによく用いられる。

C：V （G）　V₇ （G₇）　I （C）　G：I （G）　V₇ （D₇）　I （G）

（4）転過音（倚音）（テと略）

　強拍部にあらわれ，主に二度上の和声音ですっきり解決する。

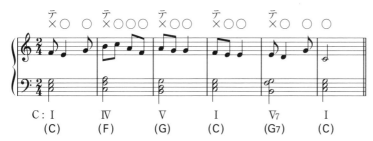

C：I （C）　IV （F）　V （G）　I （C）　V₇ （G₇）　I （C）

（5）掛留音（ケと略）

　　前の和声音がタイなどで続けられることにより，つぎの和声
　　音の響きに不協和な音で留まり，つぎの音で解決する際，その
　　留まった音。

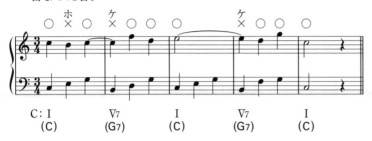

```
　　　　ホ　　　ケ
　　○　×　○　×　○　○　　○　　　　ケ
　　　　　　　　　　　　　　　　　×　○　○　　　○
```

```
C : I 　　　　 V₇ 　　　　 I 　　　　 V₇ 　　　　 I
(C) 　　　　 (G₇) 　　　 (C) 　　　 (G₇) 　　　 (C)
```

（7）　伴奏と実習

　　以上の理論をもとに，実際にいくつかの曲に伴奏をつけてみよう。
1小節に一つでなく二つの和音が必要なときもあるが，意外に数少
ない種類の和音で一曲が構成されていることが理解できよう。

　　伴奏するときは，さまざまなリズムが考えられるが，いくつか例
をあげておこう。

（1）右手で旋律を弾く型

（2）弾きうたい型

〔練習10〕次の曲はⅠ，Ⅴ，Ⅴ₇の和音だけで弾ける曲である。
　　　　　上記の（1）（2）の伴奏型で弾いてみよう。
　　　　　歌に適した高さの転回形を考えて伴奏をしよう。

（メリーさんの羊）

C：I　I　Ⅴ　I　I　I　Ⅴ₇　I
(C)　　　(G)　(C)　　　　(G₇)　(C)

（山の音楽家）

C：I Ⅳ I Ⅴ I Ⅴ₇ I　I　Ⅴ　I　Ⅴ　I Ⅳ₇ I
(C)(G)(C)(G)(C)(G₇)(C)　(C)　(G)　(C)　(G)　(C)(G₇)(C)

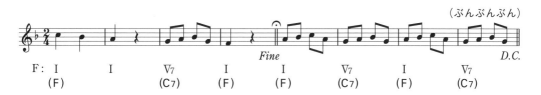

（ぶんぶんぶん）

F：I　I　Ⅴ₇　I　I　Ⅴ₇　I　Ⅴ₇
(F)　　　(C₇)　(F)　(F)　(C₇)　(F)　(C₇)

Fine　　　*D.C.*

〔**練習11**〕I，Ⅳ，Ⅴ，Ⅴ₇の和音で弾ける曲である。
　　　　できたら移調もしてみよう。

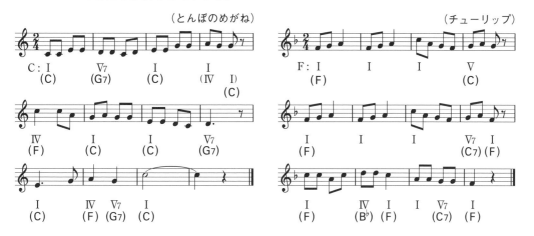

（とんぼのめがね）

C：I　Ⅴ₇　I　I　（Ⅳ I）
(C)　(G₇)　(C)　　(C)

Ⅳ　I　I　Ⅴ₇
(F)　(C)　(C)　(G₇)

I　Ⅳ Ⅴ₇ I
(C)　(F)(G₇)(C)

（チューリップ）

F：I　I　I　Ⅴ
(F)　　　　(C)

I　I　I　Ⅴ₇ I
(F)　　　　(C₇)(F)

I　Ⅳ I Ⅴ₇ I
(F)　(B♭)(F)　(C₇)(F)

(8)　副三和音と実習

　次の曲はI，Ⅳ，Ⅴ，Ⅴ₇の和音で弾けないことはないが，副三和音を用いる方が，音の響きに変化，厚みが増し，曲も引き立ってくる。副三和音の中で，よく使われる和音は，Iと同じトニックの機能をもつⅥの和音と，Ⅳと同じサブドミナントの機能をもつⅡの和音である。

　〔**練習12**〕よく使われる次の和音の連結に慣れておこう。移調して弾けるようにしよう。

C：I　vi　I　ii　I　V7　I
　（C）（Am）（C）（Dm）（C）（G7）（C）

※Ⅱ—Ⅰは左手根音を弾く
　と連続8度ができるので
　他の構成音Fを使う。

〔**練習13**〕主要三和音だけの場合（　）と，副三和音を用いた□
　　　　の場合とを弾き比べてみよう。

（アイアイ）

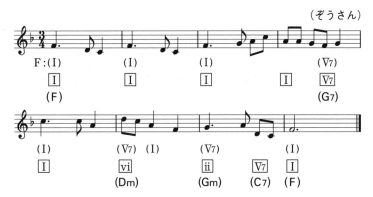

C：(I)　　　　(V7)　　　(I)　　　(I)
　　Ⅰ　　　　ii　　　　Ⅴ　　　Ⅰ　　Ⅴ7
　（C）　　　（Dm）　　 （G）　（C）　（G7）

I　　　　　IV　　　　　V7　　　　 I
（C）　　　（F）　　　 （G7）　　 （C）

（ぞうさん）

F：(I)　　　　(I)　　　　(I)　　　　(I)　　(V7)
　　Ⅰ　　　　Ⅰ　　　　Ⅰ　　　　Ⅰ　　Ⅴ7
　（F）　　　　　　　　　　　　　　　（G7）

(I)　　　　　(V7)　(I)　　(V7)　　　　(I)
　Ⅰ　　　　 vi　　　ii　　 Ⅴ7　　 Ⅰ
　　　　　　（Dm）　 （Gm）　（C7）　（F）

〔**練習14**〕次の曲を練習13の方法で弾いたあと，原調のヘ長調で
　　　　弾いてみよう。

（一年生になったら）

　□と（　）の方法で弾い
てみよう。

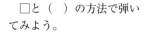

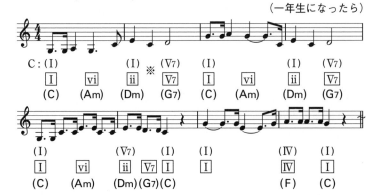

C：(I)　　　　(I)　※(V7)　(I)　　　　(I)　　(V7)
　　Ⅰ　　vi　ii　 Ⅴ7　Ⅰ　 vi　 ii　 Ⅴ7
　（C）（Am）（Dm）（G7）（C）（Am）（Dm）（G7）

※Ⅱの和音でハーモニーが
　あうのは，Ⅱ9の和音に
　なるからである。

(I)　　　　　 (V7)　(I)　(I)　　　　(IV)　(I)
　Ⅰ　 vi　 ii　 Ⅴ7 Ⅰ　 Ⅰ　　　 IV　 Ⅰ
（C）（Am）（Dm）（G7）（C）　　 （F）　（C）

〔練習15〕次の曲の中のⅢの和音の響きに注意して弾いてみよう。

（おかあさん）

(9)　短調の実習

　子どもの歌は長調の曲が多いが，短調の曲もあるので，短調を即興で弾くことも大切である。

〔練習16〕音階とカデンツを同主調で弾いてみよう。第三音と第六音を半音下げると同主調になることが理解できる。
　　　　　他の長調の音階とカデンツを同主調で弾いてみよう。

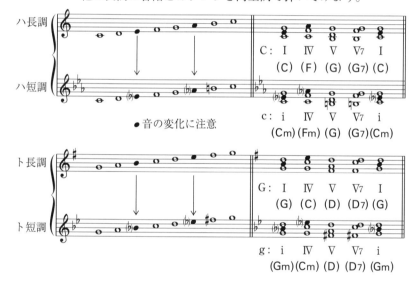

※今日多く用いられる和声的短音階の場合，第7音は半音上がるので，同主調のカデンツの中のⅤとⅤ₇の第7音は同じ音になる。

〔練習17〕「きらきら星」を短調に変えて弾いてみよう。
　　　　　変化がよくわかるであろう。

（きらきら星）

〔**練習18**〕「うれしいひなまつり」を弾きうたい型と右手旋律の
型で練習しよう。

（うれしいひなまつり）

(10) 楽譜の簡略化

伴奏譜がすでにある場合，それを正しく弾くことも大切であるが，自分の技量に合わせて楽譜を簡略化することも一つの即興といえよう。譜例の「サッちゃん」は，旋律をはっきりと浮き立たせ，左手の和音を簡略にした例である。

行進曲の譜例は和音の連打で付点のリズムが甘くならないよう，右手を楽にした例である。

（サッちゃん）

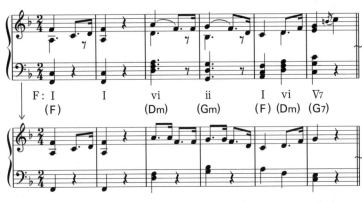

（行進曲　幼児さんびかより）

左手は和音だけにしてもよい

簡略にするとき，根音，第三音はなるべく省略しない方がよい。また，リズムの強拍になるところは音がぬけないようにしよう。

　わらべうたや日本古謡などは，異なる音階で成り立っているので，今までの理論と実習にはあてはまらない。わらべうたの項を参考にされたい。また，転調は借用和音については本書で扱うゆとりがなかったので，伴奏法や鍵盤和声などの専門書で，さらに学ばれることを望みたい。

　子どもたちが走ったり，行進したり，リズム遊びなど体を動かしたりするとき，あるいは，さまざまな情景・心情などを，体や声で表現するときなどには，即興的な伴奏が重要な役割をする。

　子どもたちが，体を動かしやすいリズム，体で自由に表現でき，子どもの創造性やイメージを引き出しやすい音を，そのときどきに応じて，伴奏として表現できるようになってほしい。

　例　ぞうが歩く，ねずみが走る，小鳥のさえずり，カバのあくび，
　　　風や波の音，自動車の音，雨や風，雷や嵐，悲しい気持ち，
　　　陽気な気持ち，など。

　そのためには，教材などを通して，イメージにあう音やリズムを研究したり，さまざまな楽器を楽しむことによって，音の世界をひろげられるよう，保育者自身が柔軟な感性をもちつづけてほしい。

　以上のべてきたことを，理論だけで終らず，実際に音を出して，その音やひびきを楽しみながら，根気よく学んでほしい。

4　打楽器の基礎技能と指導

（1）　幼児に楽器を与える原則

　幼児は音の出るものに興味を示す。特に，目新しい楽器との出会いはそうした気持ちの強く現れる場面となる。幼稚園教育要領に示されている「リズム楽器」とは慣習上の呼び名であり，幅広い打楽器のうち，幼児がリズムを表現するのに用いる，奏法の比較的簡易なものを指すことばだと理解すべきであろう。

　打楽器は，その名のとおり打って音を出すものの他，振って鳴らすものなどを含んでいる。幼児に与える場合，楽器の扱いの難しいものは，学習上の負担を考えるとふさわしくない。そこで，指導のねらいや幼児の実態の評価に加えて，つぎのような原則を考えて，与える楽器を選ぶことなどが必要である。

　　〈易しい〉　　　　　　　　　　　　　〈難しい〉
　　　少ない　　⇐　　打つ場所の数　　⇒　　多い
　（例：カスタネット→ボンゴ→トムトムのセット→立奏木琴）

　　　置いて打つ　　⇐　　打つ姿勢　　⇒　　手で持って打つ
　（例：コンガ→小太鼓→タンブリン，シンバル，トイラアングル）

　　　手で打つ　　⇐　　打つ方法　　⇒　　ばちで打つ
　（例：コンガ，ボンゴ→トライアングル→小太鼓→木琴）

　　　上から打つ　　⇐　　打つ方向　　⇒　　横から打つ
　（例：ボンゴ，小太鼓，ティンパニ→大太鼓）

　実際の指導においては，幼児に正しい奏法を教えるのではなく，まず自由に音を出す経験と，そのための場や機会を十分に整えることを心がけたい。その中から，次第に美しい音やよく響く音などを幼児に発見させることが極めて重要なのである。ただし，保育者は正しい扱い方を知っていなければならない。それは，幼児の模倣のための適切なモデル，また魅力あるモデルを示すためである。そこで，教材研究のひとつとして，以下にその奏法等について示すことにする。

（2）　それぞれの楽器の特徴・奏法等

●カスタネット
　〔特徴〕　スペイン語の“栗の実”という意味のカスタニアが語源。その栗に似た形からきている。
　柄が付いていて振って鳴らすものの他，教育界でよく見かける，

フラメンコ用の
カスタネット

ゴムの輪でしばってあるもの，おや指に紐で固定して使うフラメンコ用のものなどがある。

〔打ち方〕　幼児には手拍子の延長として，すぐに与えられるものである。左の中指（または人差指）にゴムの輪を通して，右手の指先で軽くはずませて打つ（左利きの場合は逆。以下同様）。すぐに手渡して交代で用いる場合などは，手の平にのせて打つこともできる。ゴムは時間がたつともろくなり，楽器のはずみが悪くなる。保育者は，髪を止めるのに使うゴム紐などを余分に用意しておいて，軽く打って鳴る弾力と，幼児の指にらくに通る輪の大きさに気をつけて，組み立て直すようにしたい。

楽器を
手の平の中央
に安定させる。

●タンブリン

〔特徴〕　この楽器は，太鼓と鈴の組み合わされたような特徴がある。太鼓の音を生かすには，他の打楽器と同様，よくはずませて打つことが大切である。また，鈴の音が歯切れよいリズムとなるよう，持ち方や構えが大切である。この楽器には，皮の部分のないモンキータンブリンというものもあり，扱い方には共通する部分が多い。タンブリンの皮が破れたら，皮をきれいにはずして代用品ができる。

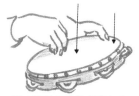

打つ場所で音色が変わる

〔持ち方〕　図のように，枠の全体を握るように持って，利き手で打つ。また楽器そのものを立てないことが大切である。つまり皮面を常に横，または斜め上にしておくことで，鈴がブラブラしない状態にして上から打つのである。

市販されているものは，幼児の手の大きさから考えると，ふさわしくないものが多い。また，枠の小さい穴におや指を入れてはいけない。衝撃で骨折した例もある。おや指を枠のうちに沿わせて枠を握るなど，工夫したい。

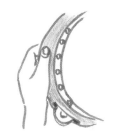

手の小さい幼児にはおや指
をふちにそわせて持たせて
もよい。

〔打ち方〕　中心に近いほど太鼓の音が生かされ，ふちに近いほど鈴の音が響く。指先で軽く打つほか，こぶしや，手の平で打つ。場合によっては，ももやひざに打ちつける奏法も用いられる。

〔トレモロと振り鳴らし〕　トレモロは，支える手を斜めに構え，手首をすばやく回転させる。振り鳴らしは，手首をまっすぐにしたまま，うちわであおぐような動きをする。いずれも，右手で打つことと組み合わせてアクセントをつけると効果的である。

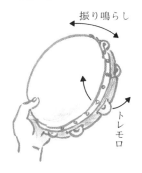

振り鳴らし

トレモロ

●鈴

〔特徴〕　世界各国で古くから多くの種類がつくられている。今日一般には輪の周りに玉鈴や小さなベルをぐるりとつけたもの，皮などのベルトに鈴がついて手首や足首につけて鳴らすもの，棒状のスティックに縦に鈴の並ぶものなどがある。いずれも，打つのでな

く振って音を出すのが特徴である。

〔鳴らし方〕　この楽器は，少し動かすだけで音が出てしまうので，いかにして，必要な音だけを出すかがポイントとなる。現場では輪になったものが一般的で，鈴を持った左手の手首を右手で軽く打つことで細かいリズムを出し，手首の回転などでトレモロ奏をする。トレモロは胸より高い位置でするのがよい。２～３個をいっしょに持って振ると，サンタクロースのそり？　のようなイメージが作れる。

ここを
軽く打つ。

● トライアングル

〔特徴〕　トライは「三」，アングルは「角」という意味。この楽器も，遠くヘブライ王国時代に現れているという古い歴史がある。最近のものは，鋼材の質もよくなり響きがよくなっている。また大きさも多様で，用途に応じて使い分けると有効である。

〔鳴らし方〕　左の人さし指に紐をかけて，右手で打つ。音量の調節のため，ばちの太さはいろいろに用意したい。打ったときに回転しないように紐は長すぎないように，図のように２本かけるか，穴を通したタイプのものを購入するのがよい。ただし，一般に幼児には重すぎるものも多いので注意したい。左手の他の指を丸めて音を止めたり，そのまま響かせたりする。打つ場所は図に示す通り。

p

f

トレモロ

●拍子木

〔特徴〕　英語のクラベスということばが広く用いられている。日本では，古くからカシなど，西洋ではコクタンやローズウッドなどの，いずれも硬い木を用いている。

〔持ち方と打ち方〕　左手を上に向けて半分ほど握る形にし，片方の木をのせ，下に空洞ができるように支えるのがポイントである。右手に持った別の木を交差するような形で軽く打つ。

ここに
空洞をつくる。

●ウッドブロック

〔特徴と奏法〕　共鳴のための空洞をもつ木の楽器で，円筒形のものや箱型のもの，アジアの木魚やアフリカなどの大型木材をくり抜いたものなどがある。日本の囃に用いる太い竹を打つものも，これに含めて考えられる。左手に持って打つものは細かいリズムには適さない。クッションの上に箱型のものを置いて打つ方が表現力が豊かである。さまざまな大きさのものがあるので，組み合せを考えたり，バチの硬さを変えて必要な音色を選びたい。

箱型のウッドブロック

●ギロ

〔特徴と奏法〕　中空の木の筒状の楽器で，表面に溝や突起があ

り，細い棒でこすって音を出す。棒（バチ）は普通，先が細く手前
が太いので，これを使い分けるが，太いところから細い部分に滑ら
せてこすると，カエルの声のようなひょうきんな表現となる。また，
プラスティック製の「おろし器」や，「餅あみ」，小型の「洗濯板」
などをこすっても，おもしろい代用品になる。

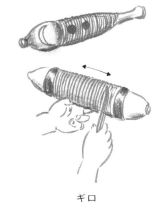

ギロ

● ボンゴ，コンガ

〔特徴〕　普通，左右一対で扱う。特定の音程は無いが，おおよ
そ4度（ソード）のような音の隔たりに調律する。皮を締めるネジ
は，この種の太鼓に共通する方法であるが，必ず対角線の位置のネ
ジを順に締めることが大切である。

〔打ち方〕　正式には，ボンゴは両手の人さし指で，コンガは両
手の2，3，4の指によって打つことになっ
ている。しかし，いずれも手前の角を斜めに
打つようにして，指先の自然なはずみを生か
した打ち方が大切である。幼児の場合，フェ
ルトのばちで打つなどの工夫もあってよい。

リズムは譜例に示すような，左右を奇数回
ずつ打つリズムを練習すると，腕の自由な動
きで表現ができるので，参考にされたい。

コンガ　　　　ボンゴ

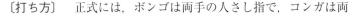

Rは右手，Lは左手，左右の手は常に交互に打つ。譜例では，
すべて数回ずつ打って，高低の移動をしている。

● 大太鼓

〔取り扱いの注意〕　比較的どこの園にもある楽器であるが，幼
児を対象とした場合，いくつか考えておくべきことがある。まず，
普通のスタンドにセットして打つ場合，腕の動きは体に対して左右
の方向となる点である。打つという運動は上下の方がずっと自然で
あり，左右の動きは幼児には難しいものである。オーケストラなど
では，太鼓を斜めに置くスタンドもあるが，高価なので，幼児用の
椅子などを用いて工夫をしてみるのもよいだろう。つぎに，一般に
用いられているバチは，幼児には重さも大きさも適当でないものが
多い。そのため，合奏のときなどの太鼓の音量が大きすぎるのをよ
く耳にする。ティンパニのマレットを勧めたい。また，打つ面に布
を貼りつけると，音量の調節ができるので，工夫したいものである。

●小太鼓

　小太鼓は，明るく軽快な音になるように，皮はできるだけ張った方がよい。表皮・裏皮とも，どの箇所も平均に皮が張れるように，ネジ（ドラムロッド）を締める。ネジは図のように対角線に締める。一通り対角線に締めたら，それぞれのネジの根もとの皮を指またはバチで軽く打って音を聞く。（大太鼓・ティンパニも同じ）

　ネジの締めの強いところは高い音，弱いところは低い音が出る。どこも同じ高さの音になるように調整する。

　小太鼓の皮の調整は，指導者が行う。幼児には無理である。

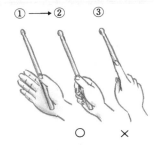

　〔打ち方〕　もともと，体につけて行進するように作られたため，斜めに置いて左右のバチの持ち方をかえていたが，今日では他の楽器への発展などからも，両手とも下向きの手でばちを持つ方が教育的であると考えられている。

　〔扱い方〕　太鼓の裏面にあるバネ状の針金はスネア（響線）といい，小太鼓のことをスネア・ドラムともよぶ。スネアはレバーで鼓面につけたりはずしたりできるので，二通りの音色を生かして使うことができる。スネアをつけたままにしておくと，ピアノや他の音によって共震して音が出るので，使わないときははずしておく。また，スネアは伸びていまうので，数年ごとに交換する必要もある。

　③は，バチのはずみを止めてしまうので，いずれのバチを使うときでも不適である。

●ティンパニ

本格的なティンパニ　　**簡易ティンパニ**

　〔特徴〕　太鼓の仲間で，この楽器のみが音程を合わせることのできるものである。幼児の合奏などでも低音を支えるのに活用できるし，即興的な表現や劇的表現に用いるのもおもしろい。

　〔調律の仕方と打ち方〕　おおよそ全体の皮の張りが平均になったら，対角線の方向のネジを順に締めていく。このとき，バチで円周に近い部分を軽く打って，それぞれの場所の音が同じになるのを確かめながら調律する。演奏のときは，縁に近いところを軽くはずませて打つ。

●シンバル

　〔音の出し方の工夫〕　両手に持って打ち合わせるものは，ある程度の直径と厚みがないとよい音が出しにくい。これは幼児には負担である。その点でスタンド付きのシンバルは扱いもらくで，打つ場所やばちの工夫による豊かな表現ができることから，活用したいものである。いろいろなバチで打って試してみて欲しい。（小太鼓のバチ，フェルトのバチ，トライアングルのバチ，大太鼓のバチ等々）またそれぞれに，打つ場所を変えて試してみて欲しい。

打つ場所で
音色が変わる。

　フィンガーシンバルという小さなシンバルの縁を打ち合わせると，微妙な音が得られるし，合わせシンバルのように打つこともできる。

　独特の表現ができる楽器として活用したいものである。

フィンガーシンバル　　合わせシンバル

●マラカス

　南米のマラカという木の実を乾燥させて，振ると中の種子がカラカラと音を立てるように作ったのがオリジナル。軽やかなリズムを表現するのには，練習が必要である。図のように，中の粒が下に落ちるときの音だけを鳴らすために，振り降ろした楽器を止めるのである。こうすることによって音が流れないで，テンポにのったリズムの表現ができる。また，左右の音の違いを生かした表現も特徴的である。しかし，これらの奏法は，幼児に直接要求すべきものではない。

　他に，体の前で前後に振って，サンバのリズムを表現する方法，また，回転させて連続的な音を作る方法も用いられる。

　マラカスはまた，幼児の楽器作りで筆頭に上げられるものでもある。紙のコップやプラスティックの容器，空かんなどの中に，砂や米　あずきやマカロニなどを入れて，音を試しながら作る。

マラカスの中

構え方

連続音を表現する

●木琴と鉄琴

　〔基本的な考え方〕　幼児教育では，リズム表現をする打楽器を中心に考えて扱っている。そのため，これらを旋律楽器として位置づけるのは難しい。そこで，オルフ楽器として知られる音板楽器によって，1音での表現，2音での即興的な表現などのように，少しずつ与える方法が考えられる。バスの木琴で2音だけで用いれば，ティンパニと同様の用い方が可能であるし，わらべうたの音階で用いれば，どの音で表現しても歌のふしとの矛盾が起こらない。

　この楽器はグリッサンドで用いることがしばしば行われる。このときは，曲想に十分注意した用い方を心がけたい。グリッサンドはまた，効果音としての活用も有効であろう。

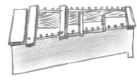

ⓓとⓖだけの音板をのせた　木琴

●日本の太鼓（長胴太鼓　など）

　〔打ち方〕　一般のバチは大人用の太い棒であるが，専門店には各種あるので，幼児の手で軽く握れるものを用意したい。円の中心を打つが，抜けるような音が出るには練習が必要である。力で打つというより，体の動き全体で打つような感覚がつかめるとよい。

　スタンドはいろいろあるが，水平に打つように木枠を組んだものより，斜めに支えて正面から打つものが，実際には使いやすい。

　いずれにしても，日本の音に対する子どもの感覚はきわめて自然であり，生き生きとした活動が期待できる楽器である。ただし，他の打楽器にくらべて高価であるが，いちど購入すれば，半永久といってもいいほど使用に耐えるものである。

●締太鼓

　この太鼓は大太鼓に対して小太鼓ともいう。革を麻ひもなどの調べ緒で締めあげて張力を出すのが普通だが，最近ではボルト締めの締太鼓も出ている。ボルト締めは革の締めあげが簡単で便利だが，重量がかなりあるので，落としたりしないよう扱いに注意が必要である。

締太鼓

　締太鼓のバチは，軽めの，ホウ，ヒノキ，カエデなどである。

　ほどよく締めあげた締太鼓は，甲高いよく通る音で祭りの気分を盛り上げる。大太鼓の低音と締太鼓の高音に組み合わせの妙がある。締太鼓は「地打ち」として，一定の拍を刻んだり，また大太鼓が休んでいる間，派手な手を聴かせるソロの部分（たとえば秩父屋台囃子では「玉入れ」と呼ばれる部分）もある。

音楽的な環境をつくる。

　幼児に楽器への興味や関心を芽生えさせるためには，保育室や遊戯室の一角に楽器コーナーを設けるなど，音楽的な環境を整えることも必要である。

● 幼児の目にとまりやすい場所，
● 幼児が手に取りやすい高さ，
● 他の活動の邪魔にならない場所，
　を考慮することが大切である。

むすびにかえて

　幼児が遊びの中で，自由に楽器と関わるとき，

● 楽器は投げたり，落としたりするなど，粗末に扱わない。
● 楽器のバチなどを振りまわしたり，友達をたたいたりしない。
● 使い終わったら，置いてあったところに戻しておく。

　こうしたことを，保育者と幼児との約束として十分に理解させておく必要がある。これらに反するような子どもを見かけたら，その場ですぐに注意する。低年齢の子どもであっても，「なぜいけないのか」を説明することが大切である。

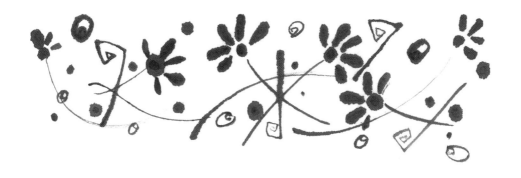

Ⅳ　教　材　曲　集

教材曲集の利用に当たって

　幼児に親しまれる歌として出版されているものの数は実に膨大なものである。その意味では，ここに取り上げたもの以外に，多くの優れた教材があるわけで，これらを検討されることも期待したい。

　ここでは，比較的ポピュラーなものを集めて，利用者の教材研究，また伴奏や弾き歌いの練習に役立つことを考えて選曲した。幼児の歌唱表現にとって，保育者のモデルとしての役割のはたすところは大きい。表情豊かな歌声と，ゆとりのある表現力を身につけて欲しいものである。伴奏は，いつでもピアノなどによるものと考える必要はない。ギターや自動伴奏機能のついたキーボード，アコーディオンなど，あるいはメロディーをリコーダーで吹くなども含めて，そのときと場に応じたものを選びたいものである。楽譜につけてあるコードネームを理解して，活用されるよう期待する。

　同様に，伴奏が常に必要なものだと考えるべきでもない（練習や教材研究が不要だということではないが）。なにより大切なのは，保育者の美しい声による表現であることを強調しておきたい。

　この教材曲集の選曲に当たっては，今日あまり歌われることのない古いもの，生活のリズムを示すものやしつけを意図したものは排除した。今日注目される遊び歌については，ごく数曲を掲載したにすぎないので，さらに研究されるよう希望したい。わらべうたについても同様である。これらの遊びをともなった歌は，幼児にとって楽しい活動を期待できるものである。

　なお，ここに取り上げた多くの曲は，なるべく原曲の音楽的な雰囲気を生かすように心がけながら，同時になるべく易しく弾けるように工夫している。しかし，右手でメロディーを弾きながら，それに伴奏をつけるという原則にしていることから，いくらかの無理をしていることもまた事実である。原曲の伴奏の方が声とピアノの音色を生かすのにふさわしいし，曲によってはその方が易しいものもある。幼児が十分に歌えるようになったら，原曲の楽譜を用いることも検討されるよう望まれる。

楽器の活用について

　ここに掲載したものは，すべて歌唱教材の形式になっているが曲によっては，小さい楽器を加えた表現が有効なものもある。幼児の能力や興味に合わせて，無理のない楽器の導入を工夫されるよう，また，それを想定して教材研究として楽器を加えた表現を試みられるよう希望する。その場合に，注意して欲しいいくつかの原則を以下に示しておきたい。なお，幼児が扱うのは「簡単なリズム楽器」を中心に考えることを前提とする。

曲のテンポや雰囲気に気をつけたい

　軽やかなテンポの，リズミカルなものであれば，これを生かすような音形を工夫したい。逆に，ゆっくりと静かな曲では，打楽器を加えてうるさいものになってしまうこともあるだろう。

音形を適切に選びたい

　拍打ちのリズムがよいか，あと打ちのリズムが合うかなど，音形を考えて表現の工夫をしたい。ただし，あと打ちは休符を含むため，幼児にはとらえにくいものであり，指導上注意を要する。譜例の大太鼓を足拍子，タンブリンを手拍子に置き換えるなどの活動を経て，タンブリンのリズムを強調するような配慮が必要であろう。または，ことばをつけたリズムを生かしながら，少しずつ経験させることが大切である。

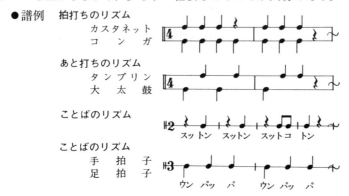

幼児に負担の少ない活動，創造的活動を大切に

　原則的に，幼児には長い音形を覚えることは負担になる。簡単な短い音形を経験させ，それを繰り返すオスティナートという形式を活用したい。また，このような経験から，幼児が自ら音形を作り出すことをうながし，「自分のリズム」で音楽させたいものである。

適切なモデルを示したい

　幼児に作り出すことをうながすにしても，創造は無から生じるものでないことから，魅力ある音楽で彼らに関心をもたせるためにも，保育者の役割は大切である。見てまねることは幼児の重要な学習の様式であるといわれる。それには，まねてみたいようなモデルであること，まねられる程度の易しいモデルであることが大切であろう。

指導の方向と音楽のイメージをもっていよう

　幼児の表現を大切にしながら，いっしょに音楽をつくっていくことが望まれるが，「どのようなものになるのか，まるで想像もできない」というのでは，でたらめとの区別がない。一定の幅をもたせながらも，およその方向を考えておくことは求められる。そのためには，保育者自身が，その音や音楽の作られていく道筋について，豊かなイメージをもてるだけの，さまざまな音楽的体験を積んでおいて欲しいものである。

擬音部分や手拍子の音形を活用したい

　歌詞の中に擬音を含む場合，これを楽器に置き換えて表現の工夫をうながすと，無理なく活動が展開される。同様に，手拍子などを歌い込んだものも，手拍子での活動から楽器へ移行するのにふさわしいものである。

●例　　ぶんぶんぶん　はちがとぶ
　　　　おおきなたいこ　ドーンドン
　　　　おもちゃの　チャチャチャ
　　　　てをたたきましょう　タンタンタン

楽器の選択の幅を広げたい

　幼児に無理なく扱える打楽器は，鈴やカスタネット，タンブリンばかりではない。日本の太鼓の類やラテン楽器，アジアの国々の民族楽器など，保育者の音楽観を広げながら，楽器の選択の幅も広いものにしていくことが望まれる。

アイアイ

相田 裕美 作詞
宇野 誠一郎 作曲
井口 太 編曲

アーイ アイ（アーイ アイ）　アーイ アイ（アーイ アイ）

おさ　るさーんだ　よ
おさ　るさーんだ　ね

アーイ アイ（アーイ アイ）　アーイ アイ（アーイ アイ）

みな　みのしまー　のち
きの　はのおうー　ち

あめふりくまのこ

鶴見正夫　作詞
湯山　昭　作曲

間奏（3番の後のみ）

あかいとりことり

北　原　白　秋　作詞
成　田　為　三　作曲
井　口　太　編曲

1. あ　か　い　と　り　り
2. し　ろ　い　と　と　り
3. あ　お　い　と　り

こ　と　り　り
こ　と　り
こ　と

な　ぜ　な　ぜ

あ　か　い　い
し　ろ　お
あ　し　あ

あ　し　か　い　み　を
し　ろ　お　い　み　を
あ　し　あ　い　み

た　べ　た

赤鼻のトナカイ

J. マークス　作詞・作曲
新田宣夫　　作　　詞
井口　太　　編　　曲

まっかなおはなの　　トナカイさんは

いつもみんなの　　わーらーいも　の

でもそのとしの　　クリスマスの　ひ

あわてんぼうのサンタクロース

吉　岡　　治　作詞
小　林　亜　星　作曲
井　口　　太　編曲

Bright in 2

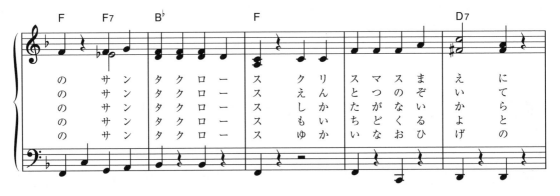

犬のおまわりさん

佐藤義美　作詞
大中　恩　作曲
井口　太　編曲

一年生になったら

まど みちお 作詞
山本 直純 作曲

Allegretto

1～3. い　ち ねん せ い に　なっ た ら

い　ち ねん せ い に　なっ た ら　と も だ ち ひゃく にん　で き る か な

（3番）

ひゃ ー く にん ー で　た べ た い な　ふ じ さん の う え で　お に ぎ り を
ひゃ ー く にん ー で　か け た い な　に っ ぽ ん じゅう を　ひ と ま わ り
ひゃ ー く にん ー で　わ ら い た い　せ か ー い じゅう を　ふ る わ せ て

ぱっ　く ん ぱっ く ん　ぱっ く ん と
どっ　し ん どっ し ん　どっ し ん と
わっ は は わっ は は　わっ は っ は

いっぽんばし　にほんばし

湯　浅　とんぼ　作詞
中　川　ひろたか　作曲

1. いっ ぽん ば し し　いっ ぽん ば し し し　おや まに なっ ちゃっ た た
2. に ほん ば し し し　に ほん ば し し し　めが ねに なっ ちゃっ た た
3. さん ぽん ば し し し　さん ぽん ば し し し し　くら げに なっ ちゃっ た た
4. よん ほん ば し し　よん ほん ば し し し　おひ げに なっ ちゃっ た た
5. ご ほん ば し　ご ほん ば し し　こと りに なっ ちゃっ た た

①いっぽんばし
　いっぽんばし　おやまに
　　　　なっちゃった

②にほんばし
　めがねに
　なっちゃった

③さんぽんばし
　くらげに
　なっちゃった

④よんほんばし
　おひげに
　なっちゃった

⑤ごほんばし
　ことりに
　なっちゃった

運 動 会 の う た

小　林　久　美　作詞
峯　　　陽　作曲

う　み

林　柳　波　作詞
井　上　武　士　作曲

大きなたいこ

小　林　純　一　作詞
中　田　喜　直　作曲

大きな古時計

保　富　康　午　作詞
ワ　　一　　ク　作曲
小　林　秀　雄　編曲
井　口　太　補作

1. お
3. ま

| G | D7 | G | C6 | G/D | D7 | G |

おおきなのっぽの　ふるどけい　おじいいさんの　とけいい　ー　ひゃく
んでもしってる　ふるどけい　おじいいさんの　とけいい　ー　きれ
よなかにベル　がーなった　おじいいさんの　とけいい　ー　おわ

| D7 | G | G♯dim | Am7 Am⁻5 | G | D7 | G | Em |

ねんいつも　うご　いていた　ごじ　まんのと　けい　さー　おじいいさんの　うまかな
いなはな　よめが　やってきた　その　ひもうご　いていたの　さー　うれしいいごとも
かれのと　きが　きたのを　みな　におしえたの　さー　てんごくへの　ぼる

| C | G | Bm | Em | A | D7 | G | D7 | G | E | Am Am⁻5 |

れたあさに　かっ　てきたと　けい　さされ　いまは　もう　うごかない　その
しいことも　みな　しってると　けい　さされ
おじいさん　とけ　いともお　わか

大 き な う た

中島光一　作詞・作曲

♩=132〜144

1.おおきな（おおきな）うただ（うただ）よよ（うただ）よよ　あの　やま　まの（あの　やま　まの）むこう　か（むこう　か　ら）きこえ（きこえ）て（きこえ）て）くる　だ　ろう（くる　だ　ろう）おおきな　ななな　うた　だ　よよ

2.おおきな（おおきな）そらだ（そらだ）よよ（そらだ）よよ　おお　ひさ　まが（おお　ひさ　まが）わらーって（わらーって）ら（わらーって）る）ぼくら　に　いーっぱ　を（ぼくら　に　いーっぱ　を）みつ　め　る（みつ　め　る）おおきな　ななな　そら　め　ゆめ　だよよ

3.おおき　なな（おおき　なな）ゆめだ（ゆめだ）よよ（ゆめだ）よよ　この　ぼく　の（この　ぼく　の）このむ　ね（このむ　ね　に）ぼくら　い　いーっぱ　い（いーっぱ　い）ひろ　が　る（ひろ　が　る）おおお（おおお　る）おおお　ななな

F　C7　C7　F　F7　B♭　F　C7　F

©Copyright by C.A.M.

大きなくりの木の下で

作詞・作曲者不詳
井 口　太 編曲

C　G7　C　C7　F　G7

おおきな　くりの　きのした　で　あなー　たと　わた　し

C　A7　Dm7　G7　C　G7　C

なか　よく　あそびま　しょう　おおきな　くりの　きのした　で

前奏

おはながわらった

保富康午 作詞
湯山　昭 作曲

オバケなんてないさ

まき みのり 作詞
峯 陽 作曲

1.おばけなんて ないさ おばけなんて うそさ ねーぼけ たひとが れてから
2.ほんとに おばけが きなら でてきた らどう しようら れいぞうこ にいれて しのひ
3.だけど こどもなら おばけだ らけだっ てさ あくしゅを そこらじゅう のひ
4.おばけの ともだち つれてあ るいた らら そこらじゅう そんなはな しき
5.おばけの くにでは おばけだ らけだっ てさ そんなはな しき

みまちがえた のさ
かちかにしちゃおう
おやつをたべ よう
びっくりする だろう
おふろにはい ろう

だけどちょっと だけどちょっと ぼくだってこわいな

おばけなんて ないさ おばけなんて うそさ

C7

1.～4. **Cdim**

5.

おつかいありさん

関根 栄一 作詞
團 伊玖磨 作曲

Allegro scherzando

1. あんまり いそいで こっつんこ その ひょうし ありさんと ありさんと こっつかん こを
2. あいたた ごめんよ そのひょうし わすれた わすれた おっつかい こを

あっ ちいって ちょん ちょん こっちきて ちょん

お　正　月

東　　くめ　作詞
滝　廉太郎　作曲

お 星 さ ま

都 築 益 世 作詞
團 　 伊玖磨 作曲
井 口 　 太 編曲

1.おほしさま　ぴかり　おお　はなしわ　しかてる　ちあ　いさなに
2.おほしさま　ぴかり　おお　でんわ　しかけた　あの　こに

こえで　かわいい　こえで　おはーなし　しかてけ　るた
このこ　よいこは　どのこ　おおでーんわ

おもちゃの チャ チャ チャ

作詞　野坂昭如
補作詞　吉岡　治
作曲・編曲　越部　信義

Cha Cha Cha やや速めに

おもちゃのチャチャチャ　おもちゃのチャチャチャ　チャチャチャおもちゃの　チャ　チャ　チャ

C6 ／ G7

1. そらに　キラキラ　おほしさま　やてなくま　みんラぐみま
2. なまりの　へいたい　おトテチヘリ　すやらしいしさ　なパんんど
3. まとんぼみたい　コプつりさ　ややしさ　すなはたにお
4. きょうはおもちゃの　おままりだ　すしいしさ　たひさ
5. そらにさよなら　おほしさま　やのひさ　にお

G7　F　Em

ねむるこころは　おもちゃははこを　とびだして
こんばこんはは　フランスにんぎょう　すてきでしょ
ジェットきはは　サライレンなれば　はっしゃです
うたらいましょ　こひつじメエメエ　こねこはニャー
てらすこ　おもちゃはかえる　おもちゃばこ

思い出のアルバム

増子 と し 作詞
本 多 鉄 麿 作曲

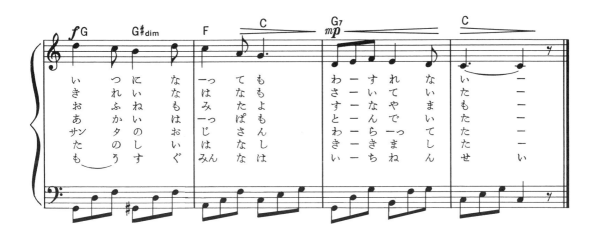

カレーライスのうた

ともろぎゆきお　作詞
峯　　陽　作曲

♩=112 位

F
1. に　んじん（に　んじん）たま　ねぎ（たま　ねぎ）じゃ
2. ト　マト（ト　マト）カレ　ールウ（カレ　ールウ）と

C　　　　　　　　　　F
がいも（じゃがいも）ぶたにく（ぶたにく）おなべで（おなべで）い
けたら（とけたら）あじみて（あじみて）おしおを（おしおを）い

F　　　　　　　　C　　　　　　　　F
ためて（いためて）ぐっぐつにましょう
れたら（いれたら）はいできあがり

• よく歌われているスタイルで，一部書きかえてあります。

○覚えやすいエコーソングです。

○ペープサートやパネルシアターで，遊びながら歌いましょう。

○手遊びで，動きをまねて遊ぶのも楽しいものです。

カレンダーマーチ

井 出 隆 夫 作詞
福 田 和禾子 作曲
井 口 　太 編曲

あかるく　はぎれよく　♩=132

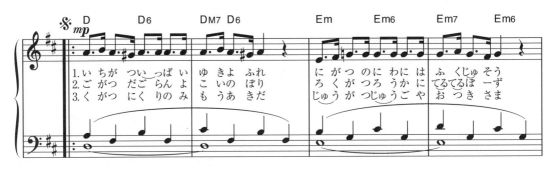

1. いちがつ　ついっぱい　　ゆきよ　ふれ　　にがつのにわには　　ふくじゅそう
2. ごがつ　だごらんよ　　こいのぼり　　ろくがつろうかに　　てるてるぼーず
3. くがつ　にくりのみ　　もうあきだ　　じゅうがつじゅうごや　　おつきさま

さんがつさむさに　さよう　なら　　しがつにしょうがく　　いちねんせい
しちがつしようよ　みずあそび　　はちがつハアハア　　ああついカ
じゅういちがつじゅんびだ　ふゆがくる　　じゅうにがつジングルベル　クリスマス

レン　カレン　カ　レンダーマーチ　　いちねんたったら　　またおーい

で　　　ー

で　　ー

かわいいかくれんぼ

サトウハチロー 作詞
中田喜直 作曲

ガンバリマンのうた

ともろぎ ゆきお 作詞
みね よう 作曲
いぐち とおる 編曲

1.ガンバリマン は がんばるさ ちっちゃくたって ちからもち
2.ガンバリマン は なかないさ いじわるなんか するもんか

ガンバリマン の あいことば みんなななかまだ エイ! エイ! オウ!
ガンバリマン が かたくんで みんなななかまだ エイ! エイ! オウ!

○○ くんも ○○ ちゃんも ○○ ちゃんも よっといで

○○ ぐみも ○○ さんも みんなななかまだ エイ! エイ! オウ!

月火水木金土日のうた

谷　川　俊太郎　作詞
服　部　公　一　作曲

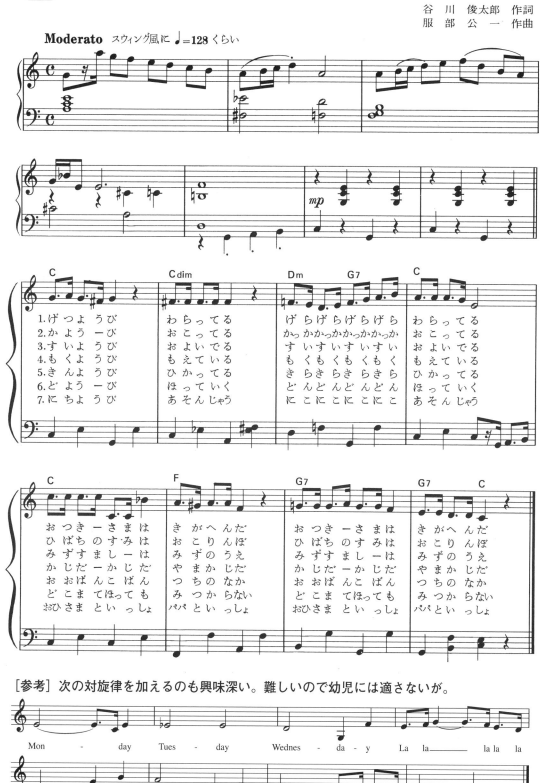

[参考] 次の対旋律を加えるのも興味深い。難しいので幼児には適さないが。

Mon ― day　Tues ― day　Wednes ― da ― y　La la――― la la la

Thurs ― da ― y　Fri ― da ― y　Sa ― tur-day―― Sun ― day

こいのぼり

近藤宮子　作詞
作曲者不詳
井口　太　編曲

♩ = 120

やねより　たかい　こいのぼー　り　　　おおきい

まごいは　おとうさん　　　ちいさい　ひごいは

こどもたー　ち　　おもしろ　そうに　およいで　る

小鳥のうた

与田準一　作詞
芥川也寸志　作曲
井口　太　編曲

♩ = 104

1.ことり　はとって　も　うたが　すき　　かあ　さんよ　ぶのも　うた　で　よぶ
2.ことり　はとって　も　うたが　すき　　とう　さんよ　ぶのも　うた　で　よぶ

ぴぴぴぴ　ぴ　　ちちちちち　　ぴちく　りぴい

前奏

こおろぎ

関根 栄一 作詞
芥川 也寸志 作曲

1.こ おろ ぎん
2.に いさ ぎん
3.や さし い

ちろちろりん
ちろちろりん
ちろちろりん

こ おろ ぎと い
こお とろ うい
か わい

ころころりん

ちろちろりん

ころころりん

く さ な かすか
う の い ま
く た の な

ゴリラのうた

上坪 マヤ 作詞
峯 陽 作曲

1.ゴ リ ラ は
2.ゴ リ ラ は

エッホッホ
エッホッホ

むねを たたいて
バナナ たべて

エッホッホ
エッホッホ

ア フ リ カ の
ア フ リ カ の

ジャングル で
ジャングル で

むねを たたいて
バナナ たべて

エッホッホ
エッホッホ

ごしゅうりょう　おめでとう

井　口　美惠子　作詞
作曲
井　口　太　編曲

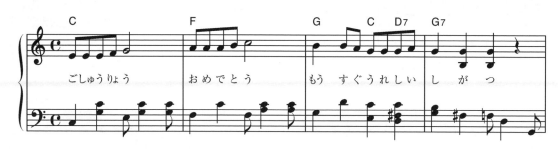

ごしゅうりょう　　おめでとう　　もう　すぐうれしい　し　が　つ

ごしゅうりょう　　おめでとう　　もう　すぐいちねん　せい

Fine

―――――――――――――― 前　奏 ――――――――――――――

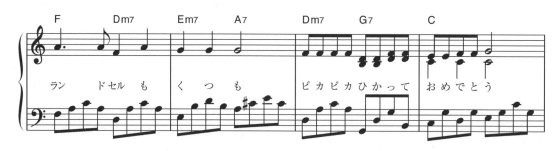

ラン　ドセル　も　　く　つ　も　　ピカピカひかって　　おめでとう

ノ　ー　ト　も　　えん　ぴつ　も　ほら　ピカ　ピカひかって　る

D.C. al Fine

サッちゃん

阪　田　寛　夫　作詞
大　中　恩　作曲
井　口　太　編曲

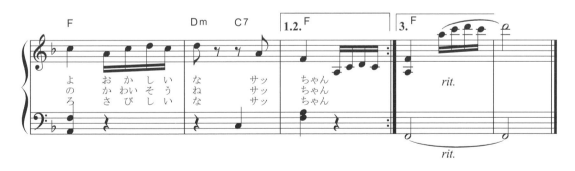

さよなら ぼくたちの ほいくえん

新沢 としひこ 作詞
島筒 英夫 作曲
井口 太 編曲

※幼稚園では,「ぼくたちのようちえん」と読み替えて歌われています。

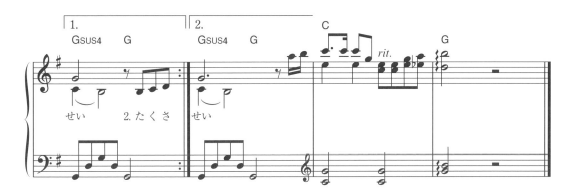

しゃぼんだま

野口雨情 作詞
中山晋平 作曲

1.しゃ ぼん だ ま
2.しゃ ぼん だ ま

と ん だ
き え た

や ね ま で
と ば ず に

と ん だ
き え た

や ね ま で
う ま れ て

と ん で
す ぐ に

こ わ れ て
こ わ れ て

き え た
き え た

か ぜ か ぜ

ふ く な

しゃ ぼん だ ま

と ば そ

ジングルベル

宮沢章二　作詞
ピアポント　作曲
井口　太　編曲

前奏

せかいじゅうの　こどもたちが

新沢としひこ　作詞
中川ひろたか　作曲
井口　太　編曲

せかい　じゅう のこども た

ちが　いちどに　｛わらった　ら　そらも　わ　らう　だ／な 一い た ら　そらも　な 一く だ

ろ　う　ラララ　うみも　わ　らう　だろ／ろ　う　ラララ　うみも　なく　だろ　せかい　う　ひろ　げ

よう　ぼくらの　ゆ め を とどけ　よう　ぼくらの　こ え を さかせ

よう　ぼくらの　は な を せかい　に　にじ を か けよう　せかい

● 最後の「ラ・ラ・ラ……」の所は，手拍子などを入れて盛りあげましょう。

ぞうさん

まど　みちお　作詞
團　伊玖磨　作曲

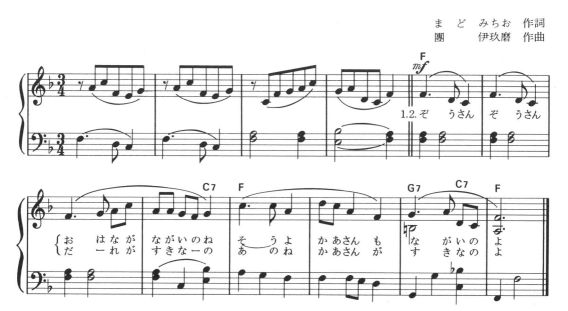

線路はつづくよどこまでも

佐木　敏　作詞
アメリカ民謡

た　き　び

巽　　聖　歌　作詞
渡　辺　　茂　作曲

たんじょうび

清　水　俊　夫　作詞
小　沼　裕　子　作曲
井　口　　　太　編曲

たんじょうび は　うれし いな　おおき くな るから うれし いな

たん じょうび は　だい すきだ　おおき くな るから だい すきだ

前　奏

Happy Birthday to you

P．S．ヒ　ル　作詞
M．J．ヒ　ル　作曲
高　田　三九三　作詞・邦語
井　口　　　太　編曲

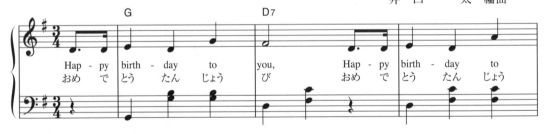

Hap-py birth-day to you, Hap-py birth-day to
おめ で とう たん じょう び おめ で とう たん じょう

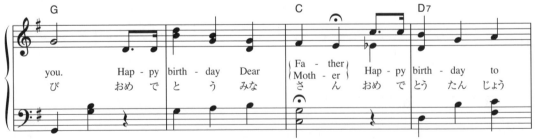

you. Hap-py birth-day Dear ｛Fa - ther｝ Hap-py birth-day to
び おめ で と う みな ｛Moth-er｝ さん おめ で とう たん じょう

you.
び

たなばたさま

権藤　はなよ　作詞
林　　柳波　作詞
下総皖一　作曲

ちゅうりっぷ

近藤宮子　作詞
日本教育音楽協会
井上武士　作曲

友だちさん歌

阪 田 寛 夫 作詞
アメリカ民謡

なでうた　え　{ワン　トゥ／アイン　ツバイ／ウノ　ドス}　みん　な　で　う　た　え

←──この部分は3回くりかえし

又は省略してもよい──→

ちいさな畑

作詞・作曲者不詳

D　Em

1. ちいさなはたけを
2. ちゅうくらいのはたけを
3. おおきなはたけを　}　たがやして

A7　D

{ちいさなたねを／ちゅうくらいのたねを／おおきなたねを}　まきました　　ぐんぐんそだって

G　Em　A7　　D　A7　D

はるになり〜〜〜　{ちいさなはなが／ちゅうくらいのはなが／おおきなはなが}　さきました　{ホ／ポッ／ボッ}

ちいさな畑を　　たがやして　　ちいさな種を　　ぐんぐん　　　　春になり　　ちいさな花が　ホッ！
　　　　　　　　　　　　　まきました　　そだって　　　　　　　　　　咲きました

- 「ちいさな」から「大きな」まで動きの変化を楽しみます。
- 他に，「四角い」「まあるい」「三角の」などの変化，「元気な」「楽しい」「さみしい」
　などなど，いろいろやってみましょう。

手のひらを太陽に

やなせ　たかし　作詞
いずみ　た　く　作曲
いぐち　とおる　編曲

みんなみんな　いきているんだ　ともだちなん　だ

手をたたきましょう

小 林 純 一 作詞
作 曲 者 不 詳

1.て　を一た　た一　き　ま一しょう　たん　たんたん　たん　たんたん
2.て　を一た　た一　き　ま一しょう　たん　たんたん　たん　たんたん
3.て　を一た　た一　き　ま一しょう　たん　たんたん　たん　たんたん

あ　し一ぶ　み一　し　ま一しょう　たん　たんたん　たん　たん　たん　たん
あ　し一ぶ　み一　し　ま一しょう　たん　たんたん　たん　たん　たん　たん
あ　し一ぶ　み一　し　ま一しょう　たん　たんたん　たん　たん　たん

わ　らいま　しょう　あっ　はっ　は　わ　らいま　しょう　あっ　はっ　は
お　こりま　しょう　うん　うん　うん　お　こりま　しょう　うん　うん　うん
な　き一ま　しょう　えん　えん　えん　な　き一ま　しょう　えん　えん　えん

あっ　はっ　は　あっ　はっ　は　あ　あ　おも　し　ろ　いい
うん　うん　うん　うん　うん　うん　あ　あ　おも　し　ろ
えん　えん　えん　えん　えん　えん　あ　あ　おも　し

とんでったバナナ

片　岡　　輝　作詞
桜　井　順　作曲
井　口　太　編曲

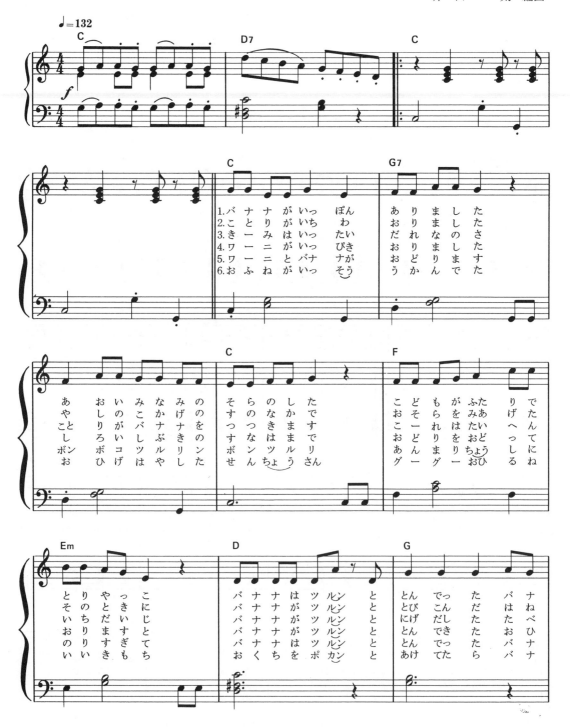

どんぐりころころ

青木　存義　作詞
梁田　貞　作曲

とんぼのめがね

額賀 誠志 作詞
平井 康三郎 作曲

1.と ん ぼ の　め が ね は　み ず い ろ　め が ね　あ ー お い と　お そ ら を　と ん だ か　ら ら ら　と ん だ か か　ら ら ら　ー ー
2.と ん ぼ の　め が ね は　ぴ か ぴ か　め が ね　お て ん と　お さ ー ま を　み て だ だ　か か か　み て だ だ か か　ら ら ら　ー ー
3.と ん ぼ の　め が ね は　あ か い い ろ　め が　ゆ ー や け　ぐ ー も を　と ん だ か　ら ら　と ん だ か　ら ら　ー ー

チョット グット パー

湯 浅 とんぼ 作詞
中 川 ひろたか 作曲

チョ ッ ト グッ ト パー　　チョ ッ ト グッ ト パー　　ト ン ト ン ト ン ト ン　　チョ ッ ト グッ ト パー
グッ ト パッ ト チョー　　グッ ト パッ ト チョー　　ト ン ト ン ト ン ト ン　　グッ ト パッ ト チョー
パッ ト チョッ ト グー　　パッ ト チョッ ト グー　　ト ン ト ン ト ン ト ン　　パッ ト チョッ ト グー

・チョキ，グー，パーの手遊びが基本形です。

・これを足のジャンケンですると，なかなかの運動量。

・少しずつ速くしたり，手と足を同時にやってみよう。

・最後のところは，「トントントントン　ジャンケンポン」で勝負するのも楽しい。

七つの子

野口雨情 作詞
本居長世 作曲
井口太 編曲

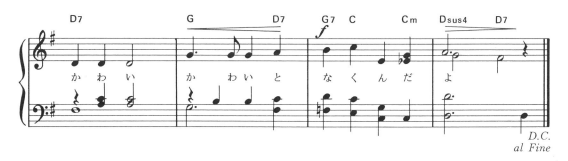

20周年おめでとう

井口　美惠子　作詞
作曲
井口　太　編曲

※周年行事のために作りました。替え歌で，何周年にもなるでしょう。中間部も園に合わせてみてください。

に　じ

新沢　としひこ　作詞
中川　ひろたか　作曲
井口　太　編曲

※ギターを使って原曲のGメジャーで弾いてきた方は、カポタストを第3フレットに付けて下さい。

にじのむこうに

坂　田　　修　作詞
坂　田　　修　作曲
井　口　　太　編曲

Allegro moderato（表情豊かに、速過ぎずに）

あめが あがったよ　おひ さまが でてきたよ あ

おいそらの むこ うに は にじ が かかったよ ー

さがしに ゆこう ー ぼくらの ゆめ を ま
とてをつ なげばー げんきが でるのさ ー

にじのむ こうにー なにが あるんだろ う て
ほうみた いだねー どこ

は　　る

吉　田　と　み　作詞
井　上　武　士　作曲
井　口　太　編曲

1. ぽかぽかか　はるがが　やってきき　たた　　かやわいいいの
2. ぽかぽかか　ははるがが　やってきき　たた　　かやおさえしん
3. ぽかぽか　はるが　やってき　たた　　かやおさえん

もかもがが　ふくらささ　でと　にこいにこいに　えがおおなっ
もかもぜえで　そよひさ　とが　ちいうさや　えおがはー
うえで　よま　　ぼう　　そそっ

いいいまししたた　もうはるるでですす　ははるでですす　よよ
いいいまししたた　もうはるるででですす　ははるるでで　よよ
いいいまし　たた　もうはる　でで　ははる　よ

ひなまつり

林　　柳　波　作詞
平　井　康三郎　作曲

まっかな秋

薩摩　　忠　作詞
小林　秀雄　作曲
井口　　太　編曲

まめまき

作詞者・作曲者不詳

1. お　に　は　そ　と　　ふ　く　は　う　ち
2. お　に　は　そ　と　　ふ　く　は　う　ち

ぱらっ　ぱらっ　ぱらっ　ぱらっ　ま　め　の　お　と
ぱらっ　ぱらっ　ぱらっ　ぱらっ　ま　め　の　お

お　に　は　こっ　そ　り　に　げ　て　い　く
は　や　く　お　は　い　り　ふ　く　の　か　み

むすんでひらいて

作　詞　者　不　詳
ル　ソ　ー　作曲
井　口　　太　編曲

む　すーん　で　ひ　ら　いーて　て　を　ーうって

む　ーすんで　ま　た　ひ　ら　いて　て　を　う　ーって　そ　の　てを　う　えに

D.S.

まつぼっくり

広田　孝夫　作詞
小林　つや江　作曲
井口　太　編曲

まつ　ぼっ　くりが　あっ　たと　さ　たかい
おやまに　あっ　たと　さ　ころ　ころ　ころ　ころ
あっ　たと　さ　おさるが　ひろって　たべたと　さ

水あそび

東　くめ　作詞
滝　廉太郎　作曲

みずを
たくさん　くんできて　みずでっ　ぽうで
あそびま　しょう　一　二　三　四　しゅっ　しゅっ　しゅっ

みんな　ともだち

中川ひろたか　作詞
　　　　　　　　作曲
加藤達雄　編曲
井口　太　改編

もりのくまさん

馬　場　祥　弘　作詞
ア　メ　リ　カ　曲
早　川　史　郎　編曲

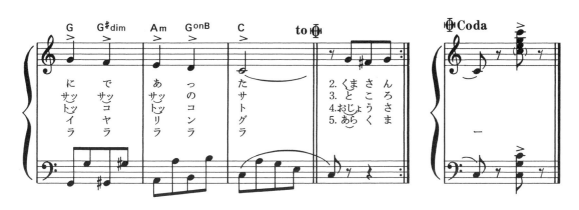

山 の 音 楽 家

水 田 詩 仙 訳詞
ド イ ツ 民謡

山 の ワ ル ツ

香 山 美 子 作詞
湯 山 昭 作曲
井 口 太 編曲

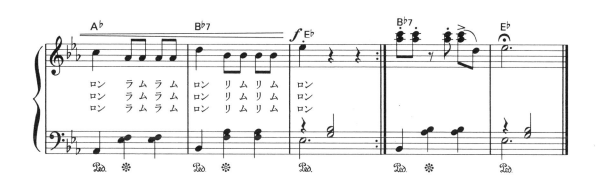

やきいもグーチーパー

阪田寛夫 作詞
山本直純 作曲

やぎさんゆうびん

まど みちお 作詞
團　伊玖磨 作曲

夕やけこやけ

中村雨紅 作詞
草川信 作曲

1.ゆうやけ こやけで ひがくれて は
2.こどもが かえった あとからは

やま まのい おてらの おおきな かねがなる
まるい おおきな おつきさ ま

おこ ーてて とりが つないで ゆめを一

みな かえろ みるころ は
みる ころ からすと いっしょに そらには きらきら かえりまぎんのほ しょうし

Fine

D.S.

雪

作詞者・作曲者不詳
井 口　　太 編曲

1. ゆ　一　き　や　こん　こ　　あ　ら　れ　や　や　こん　こ
2. ゆ　一　き　や　こん　こ　　あ　ら　れ　や　や　こん　こ

ふっ　て　は　　ふっ　て　は　　ず　ん　ず　ん　　つ　も　るる
ふっ　て　も　　ふっ　て　も　　ま　だ　ふ　り　　や　ま　ぬ

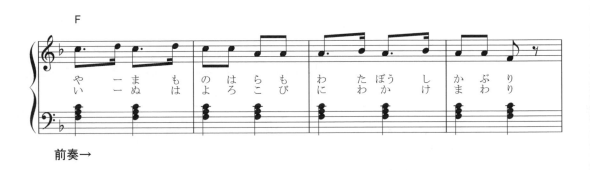

や　一　ま　も　　の　は　ら　も　　わ　た　ぼう　し　　かむ　り
い　一　ぬ　は　　よ　ろ　こ　び　　に　わ　か　け　　ぶ　わ　り

前奏→

か　れ　き　　の　こ　ら　ず　　は　な　が　さな　　くる
ね　こ　は　　こ　た　つ　で　　ま　る　く　な

ゆきやこんこ：「こんこ」は「来ん来」で、雪よもっと降れの意。（小学館大辞林）より

なわとび

ゆうびんやさん

音階

ゆう びん や さん の　　おとし もの　　ひ ろっ て あげましょ い ち まい に　まい〜

10枚まで跳んだらつぎの人に変わるものや，跳べるだけ跳ぶなど，ルールはさまざま。
ひろう動作で地面に手をつくものもある。

手 合 せ
じゃんけん

お寺のおしょうさん

音階

セッ　セ　　セ　ノ　ヨイ　ヨイ　ヨイ

おて　ら　の　お しょう さん が　か ぼ ちゃ の

た ね を　まき ました　め が でて

ふ く らん で　　は　な が　さいて　ジャン ケン ポン

「芽が出て」　　「ふくらんで」　　「花が咲いて」

　楽譜では，2拍子や3拍子と書いてあるが，遊びの中では意識されず，いわば1拍子の音
楽と考えることもできる。

じゃんけん

グ リ コ

音階

グ リ コ　　　チ ヨ コ レ ー ト　　　パ イ ナ ツ プ ル

よく階段の登り降りで遊ばれる。中には，ちょうど登りきる数に合わないと折り返す。
すごろくのようなルールで遊ぶものもある。

幼児のための合奏曲

ガボット

François-J. Gossec 1734-1829
arr. Tohru Iguchi   1949-

注：この曲は「ゴセックのガボット」の名で知られる。ヴァイオリンとピアノで演奏されることが多い。幼児とともに少しずつ作り上げていただきたい。くり返し記号に注意されたい。

合奏の工夫

1. リズム・パートを作る

○オスティナート（同じ音形を繰り返す形式）を原則とする。

2種類の打楽器を組み合わせ，A, A2, B, B2, C ごとに音色の変化を工夫したい。

2. メロディーパートを作る

○原曲のメロディーの一部をなぞる。
なるべく5音の範囲に限り，
楽器を工夫する。

3. 用意する楽器の例

○打楽器の仲間：タンブリン，カスタネット，スズ，トライアングル，ウッドブロック，拍子木
　　　　　　　　手拍子，足拍子，他

○メロディー楽器：グロッケン（鉄琴），シロフォン（ソプラノ，アルト，バス），トーンチャイム，
　　　　　　　　ハンドベル

4. 構成に当たって

　先生のピアノで十分に曲になじませ，親しませる。ララなどと節を歌いながらリズムパートを身体楽器（手足拍子）で表現し，打楽器を加える。少しずつメロディーパートを作りながら，味わいながら作って表現する。

幼児のための合奏曲

かねが鳴る

フランス民謡

I

II

(F).Fre - re Ja - ques, Fre - re Ja - ques Dor - mez - vous? Dor - mez - vous?
(D).Bru - der Ja - kob, Bru - der Ja - kob Schläfst - du noch? Schläfst du noch?
(D).Bru - der Ja - kob, Bru - der Ja - kob Schläfst - du noch? Schläfst du noch?
(E).Are you slee - ping, Are you Slee - ping Bro - ther John? Bro - ther John?

1. し ず か な ゆ う べ ね に の ま こ こ ろ す ら ん に で
2. し い か な ゆ き も の げ ち く ー ス た す ん ど で
3. あ ー か ろ い の ひ の サン タク ロース サン タク ロース
4. し お き ふ ひ げ しょって サン タク ロース サン タク ロース
5. グー チョキ パー で グー チョキ パー で な に つく ろー な に つく ろー

III

IV

Son - nes - les ma - ti - nes, Son - nes - les ma - ti - nes Ding, ding, dong! Ding, ding, dong!
Al - le Glo - cken läu - ten, Al - le Glo - cken läu - ten: Bim, bam, bum! Bim, bam, bum!
Hörst du nicht die Glo - ken? Hörst du nicht die Glo - ken? Ding, ding, dong! Ding, ding, dong!
Morn - ing - bells are rin - ging Morn - ing - bells are rin - ging Ding, ding, dong! Ding, ding, dong!

ゆ め の が よ ひ び く た か く ひ び く ゴン ゴン ゴーン ゴン ゴン ゴーン
か ね の き や い い っ た か く も ゴン ゴン ゴーン ゴン ゴン ゴーン
お お み み ぎ て が ふ く ろ を そ こ に に し ょって うん と こ しょ いど った こい しょ
お み ぎ て な げ グー で お い だ り が チョキ で か た つむ か た つむ
み を て ぐ で ひ だ り り に あげ て よ

[解説]この曲は，小学校の教科書などで「かねが鳴る」というタイトルで取り上げられるもので（楽譜の1-2歌詞：勝承夫），原曲は，フランスの民謡（F）である。ドイツの歌集には（D），上記のような2種類の歌詞が見られ，英語では（E）上記のような寝坊助兄さんを起こすような歌詞が付けられている。サンタクロースというタイトルの例もあるが(3-4：水田詩仙)，今日よく耳にするのは，手遊び付きで歌うもの(5：斉藤二三子)である（：それぞれの作詞者）。

[伴奏の工夫]次のような小さなメロディーをブロックのように横に並べ（繰り返し），重ねていきます。シロフォンやグロッケン，メタロフォンなどがふさわしい。

無理をしないで一つずつ加えてみましょう。

グー，チョキ，パーも素敵な声で！

打楽器でも応援してください。

トライアングルやカスタネット，鈴もいいですね。

トーンチャイムでファの音とドの音を交代で鳴らすと，落ち着きます。

※オルフ楽器が使えるようであれば，ぜひ活用してください。楽譜上に使う音だけを用意して与えます。

Ⅴ 資　　　料

「V　資料」について

この資料ページには，本書の前身である「新・幼児の音楽教育」において，「幼稚園教育要領」，「保育所保育指針（抜粋）」の他，「小学校学習指導要領」より第6節「音楽」を掲載してきた。しかし，2017年3月告示の幼稚園教育要領の記載内容が大幅に増えたこと，保育所保育指針が同時に改訂告示されたこと，この間に制定された「就学前の子どもに関する教育，保育等の総合的な提供の推進に関する法律」（2006年）と，これに基づく「幼保連携型認定こども園教育・保育要領」（2017年3月）の告示によって，関係の記事が倍増することになった。

これらを全て掲載することは，本書の誌面を徒に増やすことになり，決して読者各位に有益な結果を招かないと判断し，「幼保連携型こども園教育・保育要領」については掲載を見送った。是非ご賢察願いたい。なお，それぞれの要領・指針は独自の特徴を持つものであり，進路としていずれを選択するかに従って，原本を詳細に読み取っていただくことが必要となる。その際，文部科学省や厚生労働省のホームページやキーワードによる検索で，必要な情報が入手できるので，ぜひ活用願いたい。

ここに示す「3つの要領・指針」の「基本」とされる部分を引用してみると，それぞれが独自のものでありながら，これらに共通する幼児教育の方向性を読み取ることができる。まず，「環境を通して」行うことを出発点として，幼児の自発性や主体性を尊重し，「遊び」を必要な活動，ないし「学習」と位置づけている。当然のことであるが幼児の個別的な発達やこの時期の特性などを大切に考えている。

○幼稚園教育要領の「幼稚園教育の基本」部分より引用（以下引用部分の下線は筆者）

・幼稚園教育は，学校教育法に規定する目的及び目標を達成するため，幼児期の特性を踏まえ，<u>環境を通して行うものであることを基本とする</u>。
・幼児の主体的な活動を促し，幼児期にふさわしい生活が展開されるようにすること。
・幼児の<u>自発的な活動としての遊びは，心身の調和のとれた発達の基礎を培う重要な学習である</u>ことを考慮して，<u>遊びを通しての指導を中心と</u>

して第2章に示すねらいが総合的に達成されるようにすること。
・幼児の生活経験がそれぞれ異なることなどを考慮して，<u>幼児一人一人の特性に応じ，発達の課題に即した指導を行う</u>ようにすること。

○保育所保育指針の「基本原則」部分より引用

・子どもの状況や発達過程を踏まえ，<u>保育所における環境を通して，養護及び教育を一体的に行うことを特性としている</u>。
・子どもが自発的・意欲的に関われるような環境を構成し，子どもの<u>主体的な活動や子ども相互の関わりを大切にすること</u>。特に，乳幼児期にふさわしい体験が得られるように，<u>生活や遊びを通して総合的に保育すること</u>。
・子ども自らが環境に関わり，<u>自発的に活動し，様々な経験を積んでいくことができるよう配慮すること</u>。

○幼保連携型認定こども園教育・保育要領の「教育及び保育の基本」部分より引用

・乳幼児期全体を通して，その特性及び保護者や地域の実態を踏まえ，<u>環境を通して行うものであることを基本とし，家庭や地域での生活を含めた園児の生活全体が豊かなものとなるように努めなければならない</u>。
・<u>園児の主体的な活動を促し，乳幼児期にふさわしい生活が展開されるようにすること</u>。
・乳幼児期における<u>自発的な活動としての遊びは，心身の調和のとれた発達の基礎を培う重要な学習であることを考慮して，遊びを通しての指導を中心として第2章の第1に示すねらいが総合的に達成されるようにすること</u>。
・園児の生活経験がそれぞれ異なることなどを考慮して，<u>園児一人一人の特性や発達の過程に応じ発達の課題に即した指導を行うようにすること</u>。

ここで注目したいのは，ここに列挙した要領・指針に共通するキーワードが平成元年（1989年）に告示された幼稚園教育要領を出発点としているということである。それ以前の幼稚園教育要領に示されていた6領域を再編して5つの領域が示され，これらは，指導する内容や活動を規定するものではなく，幼児の発達を評価する視点であるこ

と，同時に幼稚園修了までに必要とされるねらいのうち類似したものをまとめて構成したものであると説明された。

この章に示すねらいは幼稚園修了までに育つことが期待される生きる力の基礎となる心情，意欲，態度などであり，内容はねらいを達成するために指導する事項である。これらを幼児の発達の側面から，心身の健康に関する領域「健康」，人とのかかわりに関する領域「人間関係」，身近な環境とのかかわりに関する領域「環境」，言葉の獲得に関する領域「言葉」及び感性と表現に関する領域「表現」としてまとめ，示したものである。（幼稚園教育要領　平成元年3月告示より引用）

今日，2017年3月の告示であるこれらの「要領・指針」においては，上記のねらいと領域の概念が統一され，これらをいかにして近づけるかに腐心した様子が読み取れる。ここに至るまでの，今からみれば妥協的に響く幼保の関係を説明する文言

がある。

1963年（昭和38年），当時の文部省と厚生省の通知に，「保育所のもつ機能のうち，教育に関するものは，幼稚園教育要領に準ずることが望ましいこと」の一文がそれである。（文部省・厚生省通知・昭和38年10月28日）これは両省の局長の協議によって作り出された「玉虫色の通達」と言われたものであったと言う。（小田）この様にして強行されてきた複線型の幼児教育をどのようにして「一元化」出来るかの試みが進められて今日に至っている。（参考文献：小田　豊「幼保一元化の変遷」北王子書房　2014）

本書では，これらのうち幼稚園教育要領と保育所保育指針を掲載してその理解に至ることを期待している。先にも述べた通りこれらに共通する点を理解すると共に「幼保連携型認定こども園教育・保育要領」の特徴についても，十分な理解を進めて欲しい。

幼　稚　園　教　育　要　領　　平成 29 年 3 月
文部科学省告示

第1章　総　　則

第1　幼稚園教育の基本

　幼児期の教育は，生涯にわたる人格形成の基礎を培う重要なものであり，幼稚園教育は，学校教育法に規定する目的及び目標を達成するため，幼児期の特性を踏まえ，環境を通して行うものであることを基本とする。

　このため教師は，幼児との信頼関係を十分に築き，幼児が身近な環境に主体的に関わり，環境との関わり方や意味に気付き，これらを取り込もうとして，試行錯誤したり，考えたりするようになる幼児期の教育における見方・考え方を生かし，幼児と共によりよい教育環境を創造するように努めるものとする。これらを踏まえ，次に示す事項を重視して教育を行わなければならない。

1　幼児は安定した情緒の下で自己を十分に発揮することにより発達に必要な体験を得ていくものであることを考慮して，幼児の主体的な活動を促し，幼児期にふさわしい生活が展開されるようにすること。

2　幼児の自発的な活動としての遊びは，心身の調和のとれた発達の基礎を培う重要な学習であることを考慮して，遊びを通しての指導を中心

として第2章に示すねらいが総合的に達成されるようにすること。

3　幼児の発達は，心身の諸側面が相互に関連し合い，多様な経過をたどって成し遂げられていくものであること，また，幼児の生活経験がそれぞれ異なることなどを考慮して，幼児一人一人の特性に応じ，発達の課題に即した指導を行うようにすること。

　その際，教師は，幼児の主体的な活動が確保されるよう幼児一人一人の行動の理解と予想に基づき，計画的に環境を構成しなければならない。この場合において，教師は，幼児と人やものとの関わりが重要であることを踏まえ，教材を工夫し，物的・空間的環境を構成しなければならない。また，幼児一人一人の活動の場面に応じて，様々な役割を果たし，その活動を豊かにしなければならない。

第2　幼稚園教育において育みたい資質・能力及び「幼児期の終わりまでに育ってほしい姿」

1　幼稚園においては，生きる力の基礎を育むため，この章の第1に示す幼稚園教育の基本を踏

まえ，次に掲げる資質・能力を一体的に育むよう努めるものとする。

(1) 豊かな体験を通じて，感じたり，気付いたり，分かったり，できるようになったりする。「知識及び技能の基礎」

(2) 気付いたことや，できるようになったことなどを使い，考えたり，試したり，工夫したり，表現したりする。「思考力，判断力，表現力等の基礎」

(3) 心情，意欲，態度が育つ中で，よりよい生活を営もうとする「学びに向かう力，人間性等」

2　1に示す資質・能力は，第2章に示すねらい及び内容に基づく活動全体によって育むものである。

3　次に示す「幼児期の終わりまでに育ってほしい姿」は，第2章に示すねらい及び内容に基づく活動全体を通して資質・能力が育まれている幼児の幼稚園修了時の具体的な姿であり，教師が指導を行う際に考慮するものである。

(1) 健康な心と体

幼稚園生活の中で，充実感をもって自分のやりたいことに向かって心と体を十分に働かせ，見通しをもって行動し，自ら健康で安全な生活をつくり出すようになる。

(2) 自立心

身近な環境に主体的に関わり様々な活動を楽しむ中で，しなければならないことを自覚し，自分の力で行うために考えたり，工夫したりしながら，諦めずにやり遂げることで達成感を味わい，自信をもって行動するようになる。

(3) 協同性

友達と関わる中で，互いの思いや考えなどを共有し，共通の目的の実現に向けて，考えたり，工夫したり，協力したりし，充実感をもってやり遂げるようになる。

(4) 道徳性・規範意識の芽生え

友達と様々な体験を重ねる中で，してよいことや悪いことが分かり，自分の行動を振り返ったり，友達の気持ちに共感したりし，相手の立場に立って行動するようになる。また，きまりを守る必要性が分かり，自分の気持ちを調整し，友達と折り合いを付けながら，きまりをつくったり，守ったりするようになる。

(5) 社会生活との関わり

家族を大切にしようとする気持ちをもつとともに，地域の身近な人と触れ合う中で，人との様々な関わり方に気付き，相手の気持ちを考えて関わり，自分が役に立つ喜びを感じ，地域に親しみをもつようになる。また，幼稚園内外の様々な環境に関わる中で，遊びや生活に必要な情報を取り入れ，情報に基づき判断したり，情報を伝え合ったり，活用したりするなど，情報を役立てながら活動するようになるとともに，公共の施設を大切に利用するなどして，社会とのつながりなどを意識するようになる。

(6) 思考力の芽生え

身近な事象に積極的に関わる中で，物の性質や仕組みなどを感じ取ったり，気付いたりし，考えたり，予想したり，工夫したりするなど，多様な関わりを楽しむようになる。また，友達の様々な考えに触れる中で，自分と異なる考えがあることに気付き，自ら判断したり，考え直したりするなど，新しい考えを生み出す喜びを味わいながら，自分の考えをよりよいものにするようになる。

(7) 自然との関わり・生命尊重

自然に触れて感動する体験を通して，自然の変化などを感じ取り，好奇心や探究心をもって考え言葉などで表現しながら，身近な事象への関心が高まるとともに，自然への愛情や畏敬の念をもつようになる。また，身近な動植物に心を動かされる中で，生命の不思議さや尊さに気付き，身近な動植物への接し方を考え，命あるものとしていたわり，大切にする気持ちをもって関わるようになる。

(8) 数量や図形，標識や文字などへの関心・感覚

遊びや生活の中で，数量や図形，標識や文字などに親しむ体験を重ねたり，標識や文字の役割に気付いたりし，自らの必要感に基づきこれらを活用し，興味や関心，感覚をもつようになる。

(9) 言葉による伝え合い

先生や友達と心を通わせる中で，絵本や物語などに親しみながら，豊かな言葉や表現を身に付け，経験したことや考えたことなどを言葉で伝えたり，相手の話を注意して聞いたりし，言葉による伝え合いを楽しむようになる。

(10) 豊かな感性と表現

心を動かす出来事などに触れ感性を働かせる中で，様々な素材の特徴や表現の仕方などに気付き，感じたことや考えたことを自分で表現したり，友達同士で表現する過程を楽しんだりし，表現する喜びを味わい，意欲をもつようになる。

第3　教育課程の役割と編成等

1　教育課程の役割

各幼稚園においては，教育基本法及び学校教育法その他の法令並びにこの幼稚園教育要領の示す

ところに従い，創意工夫を生かし，幼児の心身の発達と幼稚園及び地域の実態に即応した適切な教育課程を編成するものとする。

また，各幼稚園においては，6に示す全体的な計画にも留意しながら，「幼児期の終わりまでに育ってほしい姿」を踏まえ教育課程を編成すること，教育課程の実施状況を評価してその改善を図っていくこと，教育課程の実施に必要な人的又は物的な体制を確保するとともにその改善を図っていくことなどを通して，教育課程に基づき組織的かつ計画的に各幼稚園の教育活動の質の向上を図っていくこと（以下「カリキュラム・マネジメント」という。）に努めるものとする。

2　各幼稚園の教育目標と教育課程の編成

教育課程の編成に当たっては，幼稚園教育において育みたい資質・能力を踏まえつつ，各幼稚園の教育目標を明確にするとともに，教育課程の編成についての基本的な方針が家庭や地域とも共有されるよう努めるものとする。

3　教育課程の編成上の基本的事項

(1)　幼稚園生活の全体を通して第2章に示すねらいが総合的に達成されるよう，教育課程に係る教育期間や幼児の生活経験や発達の過程などを考慮して具体的なねらいと内容を組織するものとする。この場合において，特に，自我が芽生え，他者の存在を意識し，自己を抑制しようとする気持ちが生まれる幼児期の発達の特性を踏まえ，入園から修了に至るまでの長期的な視野をもって充実した生活が展開できるように配慮するものとする。

(2)　幼稚園の毎学年の教育課程に係る教育週数は，特別の事情のある場合を除き，39週を下ってはならない。

(3)　幼稚園の1日の教育課程に係る教育時間は，4時間を標準とする。ただし，幼児の心身の発達の程度や季節などに適切に配慮するものとする。

4　教育課程の編成上の留意事項

教育課程の編成に当たっては，次の事項に留意するものとする。

(1)　幼児の生活は，入園当初の一人一人の遊びや教師との触れ合いを通して幼稚園生活に親しみ，安定していく時期から，他の幼児との関わりの中で幼児の主体的な活動が深まり，幼児が互いに必要な存在であることを認識するようになり，やがて幼児同士や学級全体で目的をもって協同して幼稚園生活を展開し，深めていく時期などに至るまでの過程を様々に経ながら広げられていくものであることを考慮し，活動がそれぞれの時期にふさわしく展開されるようにすること。

(2)　入園当初，特に，3歳児の入園については，家庭との連携を緊密にし，生活のリズムや安全面に十分配慮すること。また，満3歳児については，学年の途中から入園することを考慮し，幼児が安心して幼稚園生活を過ごすことができるよう配慮すること。

(3)　幼稚園生活が幼児にとって安全なものとなるよう，教職員による協力体制の下，幼児の主体的な活動を大切にしつつ，園庭や園舎などの環境の配慮や指導の工夫を行うこと。

5　小学校教育との接続に当たっての留意事項

(1)　幼稚園においては，幼稚園教育が，小学校以降の生活や学習の基盤の育成につながることに配慮し，幼児期にふさわしい生活を通して，創造的な思考や主体的な生活態度などの基礎を培うようにするものとする。

(2)　幼稚園教育において育まれた資質・能力を踏まえ，小学校教育が円滑に行われるよう，小学校の教師との意見交換や合同の研究の機会などを設け，「幼児期の終わりまでに育ってほしい姿」を共有するなど連携を図り，幼稚園教育と小学校教育との円滑な接続を図るよう努めるものとする。

6　全体的な計画の作成

各幼稚園においては，教育課程を中心に，第3章に示す教育課程に係る教育時間の終了後等に行う教育活動の計画，学校保健計画，学校安全計画などとを関連させ，一体的に教育活動が展開されるよう全体的な計画を作成するものとする。

第4　指導計画の作成と幼児理解に基づいた評価

1　指導計画の考え方

幼稚園教育は，幼児が自ら意欲をもって環境と関わることによりつくり出される具体的な活動を通して，その目標の達成を図るものである。

幼稚園においてはこのことを踏まえ，幼児期にふさわしい生活が展開され，適切な指導が行われるよう，それぞれの幼稚園の教育課程に基づき，調和のとれた組織的，発展的な指導計画を作成し，幼児の活動に沿った柔軟な指導を行わなければならない。

2　指導計画の作成上の基本的事項

(1)　指導計画は，幼児の発達に即して一人一人の幼児が幼児期にふさわしい生活を展開し，必要な体験を得られるようにするために，具体的に

作成するものとする。

(2) 指導計画の作成に当たっては，次に示すところにより，具体的なねらい及び内容を明確に設定し，適切な環境を構成することなどにより活動が選択・展開されるようにするものとする。

　ア　具体的なねらい及び内容は，幼稚園生活における幼児の発達の過程を見通し，幼児の生活の連続性，季節の変化などを考慮して，幼児の興味や関心，発達の実情などに応じて設定すること。

　イ　環境は，具体的なねらいを達成するために適切なものとなるように構成し，幼児が自らその環境に関わることにより様々な活動を展開しつつ必要な体験を得られるようにすること。その際，幼児の生活する姿や発想を大切にし，常にその環境が適切なものとなるようにすること。

　ウ　幼児の行う具体的な活動は，生活の流れの中で様々に変化するものであることに留意し，幼児が望ましい方向に向かって自ら活動を展開していくことができるよう必要な援助をすること。

　その際，幼児の実態及び幼児を取り巻く状況の変化などに即して指導の過程についての評価を適切に行い，常に指導計画の改善を図るものとする。

3　指導計画の作成上の留意事項

　指導計画の作成に当たっては，次の事項に留意するものとする。

(1) 長期的に発達を見通した年，学期，月などにわたる長期の指導計画やこれとの関連を保ちながらより具体的な幼児の生活に即した週，日などの短期の指導計画を作成し，適切な指導が行われるようにすること。特に，週，日などの短期の指導計画については，幼児の生活のリズムに配慮し，幼児の意識や興味の連続性のある活動が相互に関連して幼稚園生活の自然な流れの中に組み込まれるようにすること。

(2) 幼児が様々な人やものとの関わりを通して，多様な体験をし，心身の調和のとれた発達を促すようにしていくこと。その際，幼児の発達に即して主体的・対話的で深い学びが実現するようにするとともに，心を動かされる体験が次の活動を生み出すことを考慮し，一つ一つの体験が相互に結び付き，幼稚園生活が充実するようにすること。

(3) 言語に関する能力の発達と思考力等の発達が関連していることを踏まえ，幼稚園生活全体を通して，幼児の発達を踏まえた言語環境を整え，

言語活動の充実を図ること。

(4) 幼児が次の活動への期待や意欲をもつことができるよう，幼児の実態を踏まえながら，教師や他の幼児と共に遊びや生活の中で見通しをもったり，振り返ったりするよう工夫すること。

(5) 行事の指導に当たっては，幼稚園生活の自然の流れの中で生活に変化や潤いを与え，幼児が主体的に楽しく活動できるようにすること。なお，それぞれの行事についてはその教育的価値を十分検討し，適切なものを精選し，幼児の負担にならないようにすること。

(6) 幼児期は直接的な体験が重要であることを踏まえ，視聴覚教材やコンピュータなど情報機器を活用する際には，幼稚園生活では得難い体験を補完するなど，幼児の体験との関連を考慮すること。

(7) 幼児の主体的な活動を促すためには，教師が多様な関わりをもつことが重要であることを踏まえ，教師は，理解者，共同作業者など様々な役割を果たし，幼児の発達に必要な豊かな体験が得られるよう，活動の場面に応じて，適切な指導を行うようにすること。

(8) 幼児の行う活動は，個人，グループ，学級全体などで多様に展開されるものであることを踏まえ，幼稚園全体の教師による協力体制を作りながら，一人一人の幼児が興味や欲求を十分に満足させるよう適切な援助を行うようにすること。

4　幼児理解に基づいた評価の実施

　幼児一人一人の発達の理解に基づいた評価の実施に当たっては，次の事項に配慮するものとする。

(1) 指導の過程を振り返りながら幼児の理解を進め，幼児一人一人のよさや可能性などを把握し，指導の改善に生かすようにすること。その際，他の幼児との比較や一定の基準に対する達成度についての評定によって捉えるものではないことに留意すること。

(2) 評価の妥当性や信頼性が高められるよう創意工夫を行い，組織的かつ計画的な取組を推進するとともに，次年度又は小学校等にその内容が適切に引き継がれるようにすること。

第5　特別な配慮を必要とする幼児への指導

1　障害のある幼児などへの指導

　障害のある幼児などへの指導に当たっては，集団の中で生活することを通して全体的な発達を促していくことに配慮し，特別支援学校などの助言又は援助を活用しつつ，個々の幼児の障害の状態

などに応じた指導内容や指導方法の工夫を組織的かつ計画的に行うものとする。また，家庭，地域及び医療や福祉，保健等の業務を行う関係機関との連携を図り，長期的な視点で幼児への教育的支援を行うために，個別の教育支援計画を作成し活用することに努めるとともに，個々の幼児の実態を的確に把握し，個別の指導計画を作成し活用することに努めるものとする。

2　海外から帰国した幼児や生活に必要な日本語の習得に困難のある幼児の幼稚園生活への適応

海外から帰国した幼児や生活に必要な日本語の習得に困難のある幼児については，安心して自己を発揮できるよう配慮するなど個々の幼児の実態に応じ，指導内容や指導方法の工夫を組織的かつ計画的に行うものとする。

第6　幼稚園運営上の留意事項

1　各幼稚園においては，園長の方針の下に，園務分掌に基づき教職員が適切に役割を分担しつつ，相互に連携しながら，教育課程や指導の改善を図るものとする。また，各幼稚園が行う学校評価については，教育課程の編成，実施，改善が教育活動や幼稚園運営の中核となることを踏まえ，カリキュラム・マネジメントと関連付けながら実施するよう留意するものとする。

2　幼児の生活は，家庭を基盤として地域社会を通じて次第に広がりをもつものであることに留意し，家庭との連携を十分に図るなど，幼稚園における生活が家庭や地域社会と連続性を保ちつつ展開されるようにするものとする。

その際，地域の自然，高齢者や異年齢の子供などを含む人材，行事や公共施設などの地域の資源を積極的に活用し，幼児が豊かな生活体験を得られるように工夫するものとする。また，家庭との連携に当たっては，保護者との情報交換の機会を設けたり，保護者と幼児との活動の機会を設けたりなどすることを通じて，保護者の幼児期の教育に関する理解が深まるよう配慮するものとする。

3　地域や幼稚園の実態等により，幼稚園間に加え，保育所，幼保連携型認定こども園，小学校，中学校，高等学校及び特別支援学校などとの間の連携や交流を図るものとする。特に，幼稚園教育と小学校教育の円滑な接続のため，幼稚園の幼児と小学校の児童との交流の機会を積極的に設けるようにするものとする。また，障害のある幼児児童生徒との交流及び共同学習の機会を設け，共に尊重し合いながら協働して生活していく態度を育むよう努めるものとする。

第7　教育課程に係る教育時間終了後等に行う教育活動など

幼稚園は，第3章に示す教育課程に係る教育時間の終了後等に行う教育活動について，学校教育法に規定する目的及び目標並びにこの章の第1に示す幼稚園教育の基本を踏まえ実施するものとする。また，幼稚園の目的の達成に資するため，幼児の生活全体が豊かなものとなるよう家庭や地域における幼児期の教育の支援に努めるものとする。

第2章　ねらい及び内容

この章に示すねらいは，幼稚園教育において育みたい資質・能力を幼児の生活する姿から捉えたものであり，内容は，ねらいを達成するために指導する事項である。各領域は，これらを幼児の発達の側面から，心身の健康に関する領域「健康」，人との関わりに関する領域「人間関係」，身近な環境との関わりに関する領域「環境」，言葉の獲得に関する領域「言葉」及び感性と表現に関する領域「表現」としてまとめ，示したものである。内容の取扱いは，幼児の発達を踏まえた指導を行うに当たって留意すべき事項である。

各領域に示すねらいは，幼稚園における生活の全体を通じ，幼児が様々な体験を積み重ねる中で相互に関連をもちながら次第に達成に向かうもの

であること，内容は，幼児が環境に関わって展開する具体的な活動を通して総合的に指導されるものであることに留意しなければならない。

また，「幼児期の終わりまでに育ってほしい姿」が，ねらい及び内容に基づく活動全体を通して資質・能力が育まれている幼児の幼稚園修了時の具体的な姿であることを踏まえ，指導を行う際に考慮するものとする。

なお，特に必要な場合には，各領域に示すねらいの趣旨に基づいて適切な，具体的な内容を工夫し，それを加えても差し支えないが，その場合には，それが第1章の第1に示す幼稚園教育の基本を逸脱しないよう慎重に配慮する必要がある。

健　康

〔健康な心と体を育て，自ら健康で安全な生活をつくり出す力を養う。〕

1　ねらい

(1) 明るく伸び伸びと行動し，充実感を味わう。

(2) 自分の体を十分に動かし，進んで運動しようとする。

(3) 健康，安全な生活に必要な習慣や態度を身に付け，見通しをもって行動する。

2　内容

(1) 先生や友達と触れ合い，安定感をもって行動する。

(2) いろいろな遊びの中で十分に体を動かす。

(3) 進んで戸外で遊ぶ。

(4) 様々な活動に親しみ，楽しんで取り組む。

(5) 先生や友達と食べることを楽しみ，食べ物への興味や関心をもつ。

(6) 健康な生活のリズムを身に付ける。

(7) 身の回りを清潔にし，衣服の着脱，食事，排泄などの生活に必要な活動を自分でする。

(8) 幼稚園における生活の仕方を知り，自分たちで生活の場を整えながら見通しをもって行動する。

(8) 自分の健康に関心をもち，病気の予防などに必要な活動を進んで行う。

(10) 危険な場所，危険な遊び方，災害時などの行動の仕方が分かり，安全に気を付けて行動する。

3　内容の取扱い

上記の取扱いに当たっては，次の事項に留意する必要がある。

(1) 心と体の健康は，相互に密接な関連があるものであることを踏まえ，幼児が教師や他の幼児との温かい触れ合いの中で自己の存在感や充実感を味わうことなどを基盤として，しなやかな心と体の発達を促すこと。特に，十分に体を動かす気持ちよさを体験し，自ら体を動かそうとする意欲が育つようにすること。

(2) 様々な遊びの中で，幼児が興味や関心，能力に応じて全身を使って活動することにより，体を動かす楽しさを味わい，自分の体を大切にしようとする気持ちが育つようにすること。その際，多様な動きを経験する中で，体の動きを調整するようにすること。

(3) 自然の中で伸び伸びと体を動かして遊ぶことにより，体の諸機能の発達が促されることに留意し，幼児の興味や関心が戸外にも向くようにすること。

その際，幼児の動線に配慮した園庭や遊具の配置などを工夫すること。

(4) 健康な心と体を育てるためには食育を通じた望ましい食習慣の形成が大切であることを踏まえ，幼児の食生活の実情に配慮し，和やかな雰囲気の中で教師や他の幼児と食べる喜びや楽しさを味わったり，様々な食べ物への興味や関心をもったりするなどし，食の大切さに気付き，進んで食べようとする気持ちが育つようにすること。

(5) 基本的な生活習慣の形成に当たっては，家庭での生活経験に配慮し，幼児の自立心を育て，幼児が他の幼児と関わりながら主体的な活動を展開する中で，生活に必要な習慣を身に付け，次第に見通しをもって行動できるようにすること。

(6) 安全に関する指導に当たっては，情緒の安定を図り，遊びを通して安全についての構えを身に付け，危険な場所や事物などが分かり，安全についての理解を深めるようにすること。また，交通安全の習慣を身に付けるようにするとともに，避難訓練などを通して，災害などの緊急時に適切な行動がとれるようにすること。

人間関係

〔他の人々と親しみ，支え合って生活するために，自立心を育て，人と関わる力を養う。〕

1　ねらい

(1) 幼稚園生活を楽しみ，自分の力で行動することの充実感を味わう。

(2) 身近な人と親しみ，関わりを深め，工夫したり，協力したりして一緒に活動する楽しさを味わい，愛情や信頼感をもつ。

(3) 社会生活における望ましい習慣や態度を身に付ける。

2　内容

(1)　先生や友達と共に過ごすことの喜びを味わう。

(2)　自分で考え，自分で行動する。

(3)　自分でできることは自分でする。

(4)　いろいろな遊びを楽しみながら物事をやり遂げようとする気持ちをもつ。

(5)　友達と積極的に関わりながら喜びや悲しみを共感し合う。

(6)　自分の思ったことを相手に伝え，相手の思っていることに気付く。

(7)　友達のよさに気付き，一緒に活動する楽しさを味わう。

(8)　友達と楽しく活動する中で，共通の目的を見いだし，工夫したり，協力したりなどする。

(9)　よいことや悪いことがあることに気付き，考えながら行動する。

(10)　友達との関わりを深め，思いやりをもつ。

(11)　友達と楽しく生活する中できまりの大切さに気付き，守ろうとする。

(12)　共同の遊具や用具を大切にし，皆で使う。

(13)　高齢者をはじめ地域の人々などの自分の生活に関係の深いいろいろな人に親しみをもつ。

3　内容の取扱い

　上記の取扱いに当たっては，次の事項に留意する必要がある。

(1)　教師との信頼関係に支えられて自分自身の生活を確立していくことが人と関わる基盤となることを考慮し，幼児が自ら周囲に働き掛けることにより多様な感情を体験し，試行錯誤しながら諦めずにやり遂げることの達成感や，前向きな見通しをもって自分の力で行うことの充実感を味わうことができるよう，幼児の行動を見守りながら適切な援助を行うようにすること。

(2)　一人一人を生かした集団を形成しながら人と関わる力を育てていくようにすること。その際，

集団の生活の中で，幼児が自己を発揮し，教師や他の幼児に認められる体験をし，自分のよさや特徴に気付き，自信をもって行動できるようにすること。

(3)　幼児が互いに関わりを深め，協同して遊ぶようになるため，自ら行動する力を育てるようにするとともに，他の幼児と試行錯誤しながら活動を展開する楽しさや共通の目的が実現する喜びを味わうことができるようにすること。

(4)　道徳性の芽生えを培うに当たっては，基本的な生活習慣の形成を図るとともに，幼児が他の幼児との関わりの中で他人の存在に気付き，相手を尊重する気持ちをもって行動できるようにし，また，自然や身近な動植物に親しむことなどを通して豊かな心情が育つようにすること。特に，人に対する信頼感や思いやりの気持ちは，葛藤やつまずきをも体験し，それらを乗り越えることにより次第に芽生えてくることに配慮すること。

(5)　集団の生活を通して，幼児が人との関わりを深め，規範意識の芽生えが培われることを考慮し，幼児が教師との信頼関係に支えられて自己を発揮する中で，互いに思いを主張し，折り合いを付ける体験をし，きまりの必要性などに気付き，自分の気持ちを調整する力が育つようにすること。

(6)　高齢者をはじめ地域の人々などの自分の生活に関係の深いいろいろな人と触れ合い，自分の感情や意志を表現しながら共に楽しみ，共感し合う体験を通して，これらの人々などに親しみをもち，人と関わることの楽しさや人の役に立つ喜びを味わうことができるようにすること。また，生活を通して親や祖父母などの家族の愛情に気付き，家族を大切にしようとする気持ちが育つようにすること。

環　境

〔周囲の様々な環境に好奇心や探究心をもって関わり，それらを生活に取り入れていこうとする力を養う。〕

1　ねらい

(1)　身近な環境に親しみ，自然と触れ合う中で様々な事象に興味や関心をもつ。

(2)　身近な環境に自分から関わり，発見を楽しんだり，考えたりし，それを生活に取り入れようとする。

(3)　身近な事象を見たり，考えたり，扱ったりする中で，物の性質や数量，文字などに対する感覚を豊かにする。

2　内容

(1)　自然に触れて生活し，その大きさ，美しさ，不思議さなどに気付く。

(2) 生活の中で，様々な物に触れ，その性質や仕組みに興味や関心をもつ。

(3) 季節により自然や人間の生活に変化のあることに気付く。

(4) 自然などの身近な事象に関心をもち，取り入れて遊ぶ。

(5) 身近な動植物に親しみをもって接し，生命の尊さに気付き，いたわったり，大切にしたりする。

(6) 日常生活の中で，我が国や地域社会における様々な文化や伝統に親しむ。

(7) 身近な物を大切にする。

(8) 身近な物や遊具に興味をもって関わり，自分なりに比べたり，関連付けたりしながら考えたり，試したりして工夫して遊ぶ。

(9) 日常生活の中で数量や図形などに関心をもつ。

(10) 日常生活の中で簡単な標識や文字などに関心をもつ。

(11) 生活に関係の深い情報や施設などに興味や関心をもつ。

(12) 幼稚園内外の行事において国旗に親しむ。

3　内容の取扱い

　上記の取扱いに当たっては，次の事項に留意する必要がある。

(1) 幼児が，遊びの中で周囲の環境と関わり，次第に周囲の世界に好奇心を抱き，その意味や操作の仕方に関心をもち，物事の法則性に気付き，自分なりに考えることができるようになる過程を大切にすること。また，他の幼児の考えなどに触れて新しい考えを生み出す喜びや楽しさを味わい，自分の考えをよりよいものにしようとする気持ちが育つようにすること。

(2) 幼児期において自然のもつ意味は大きく，自然の大きさ，美しさ，不思議さなどに直接触れる体験を通して，幼児の心が安らぎ，豊かな感情，好奇心，思考力，表現力の基礎が培われることを踏まえ，幼児が自然との関わりを深めることができるよう工夫すること。

(3) 身近な事象や動植物に対する感動を伝え合い，共感し合うことなどを通して自分から関わろうとする意欲を育てるとともに，様々な関わり方を通してそれらに対する親しみや畏敬の念，生命を大切にする気持ち，公共心，探究心などが養われるようにすること。

(4) 文化や伝統に親しむ際には，正月や節句など我が国の伝統的な行事，国歌，唱歌，わらべうたや我が国の伝統的な遊びに親しんだり，異なる文化に触れる活動に親しんだりすることを通じて，社会とのつながりの意識や国際理解の意識の芽生えなどが養われるようにすること。

(5) 数量や文字などに関しては，日常生活の中で幼児自身の必要感に基づく体験を大切にし，数量や文字などに関する興味や関心，感覚が養われるようにすること。

言　葉

┌ 経験したことや考えたことなどを自分なりの言葉で表現し，相手の話す言葉を聞こうとする意欲や態度 ┐
└ を育て，言葉に対する感覚や言葉で表現する力を養う。 ┘

1　ねらい

(1) 自分の気持ちを言葉で表現する楽しさを味わう。

(2) 人の言葉や話などをよく聞き，自分の経験したことや考えたことを話し，伝え合う喜びを味わう。

(3) 日常生活に必要な言葉が分かるようになるとともに，絵本や物語などに親しみ，言葉に対する感覚を豊かにし，先生や友達と心を通わせる。

2　内容

(1) 先生や友達の言葉や話に興味や関心をもち，親しみをもって聞いたり，話したりする。

(2) したり，見たり，聞いたり，感じたり，考えたりなどしたことを自分なりに言葉で表現する。

(3) したいこと，してほしいことを言葉で表現したり，分からないことを尋ねたりする。

(4) 人の話を注意して聞き，相手に分かるように話す。

(5) 生活の中で必要な言葉が分かり，使う。

(6) 親しみをもって日常の挨拶をする。

(7) 生活の中で言葉の楽しさや美しさに気付く。

(8) いろいろな体験を通じてイメージや言葉を豊かにする。

(9) 絵本や物語などに親しみ，興をもって聞き，想像をする楽しさを味わう。

⑽ 日常生活の中で，文字などで伝える楽しさを味わう。

3　内容の取扱い
　上記の取扱いに当たっては，次の事項に留意する必要がある。

(1) 言葉は，身近な人に親しみをもって接し，自分の感情や意志などを伝え，それに相手が応答し，その言葉を聞くことを通して次第に獲得されていくものであることを考慮して，幼児が教師や他の幼児と関わることにより心を動かされるような体験をし，言葉を交わす喜びを味わえるようにすること。

(2) 幼児が自分の思いを言葉で伝えるとともに，教師や他の幼児などの話を興味をもって注意して聞くことを通して次第に話を理解するようになっていき，言葉による伝え合いができるようにすること。

(3) 絵本や物語などで，その内容と自分の経験とを結び付けたり，想像を巡らせたりするなど，楽しみを十分に味わうことによって，次第に豊かなイメージをもち，言葉に対する感覚が養われるようにすること。

(4) 幼児が生活の中で，言葉の響きやリズム，新しい言葉や表現などに触れ，これらを使う楽しさを味わえるようにすること。その際，絵本や物語に親しんだり，言葉遊びなどをしたりすることを通して，言葉が豊かになるようにすること。

(5) 幼児が日常生活の中で，文字などを使いながら思ったことや考えたことを伝える喜びや楽しさを味わい，文字に対する興味や関心をもつようにすること。

表　現

⎰感じたことや考えたことを自分なりに表現することを通して，豊かな感性や表現する力を養い，創造性⎱
⎱を豊かにする。⎰

1　ねらい
(1) いろいろなものの美しさなどに対する豊かな感性をもつ。
(2) 感じたことや考えたことを自分なりに表現して楽しむ。
(3) 生活の中でイメージを豊かにし，様々な表現を楽しむ。

2　内容
(1) 生活の中で様々な音，形，色，手触り，動きなどに気付いたり，感じたりするなどして楽しむ。
(2) 生活の中で美しいものや心を動かす出来事に触れ，イメージを豊かにする。
(3) 様々な出来事の中で，感動したことを伝え合う楽しさを味わう。
(4) 感じたこと，考えたことなどを音や動きなどで表現したり，自由にかいたり，つくったりなどする。
(5) いろいろな素材に親しみ，工夫して遊ぶ。
(6) 音楽に親しみ，歌を歌ったり，簡単なリズム楽器を使ったりなどする楽しさを味わう。
(7) かいたり，つくったりすることを楽しみ，遊びに使ったり，飾ったりなどする。
(8) 自分のイメージを動きや言葉などで表現したり，演じて遊んだりするなどの楽しさを味わう。

3　内容の取扱い
　上記の取扱いに当たっては，次の事項に留意する必要がある。

(1) 豊かな感性は，身近な環境と十分に関わる中で美しいもの，優れたもの，心を動かす出来事などに出会い，そこから得た感動を他の幼児や教師と共有し，様々に表現することなどを通して養われるようにすること。その際，風の音や雨の音，身近にある草や花の形や色など自然の中にある音，形，色などに気付くようにすること。

(2) 幼児の自己表現は素朴な形で行われることが多いので，教師はそのような表現を受容し，幼児自身の表現しようとする意欲を受け止めて，幼児が生活の中で幼児らしい様々な表現を楽しむことができるようにすること。

(3) 生活経験や発達に応じ，自ら様々な表現を楽しみ，表現する意欲を十分に発揮させることができるように，遊具や用具などを整えたり，様々な素材や表現の仕方に親しんだり，他の幼児の表現に触れられるよう配慮したりし，表現する過程を大切にして自己表現を楽しめるように工夫すること。

第3章　教育課程に係る教育時間の終了後等に行う教育活動などの留意事項

1　地域の実態や保護者の要請により，教育課程に係る教育時間の終了後等に希望する者を対象に行う教育活動については，幼児の心身の負担に配慮するものとする。また，次の点にも留意するものとする。

(1) 教育課程に基づく活動を考慮し，幼児期にふさわしい無理のないものとなるようにすること。その際，教育課程に基づく活動を担当する教師と緊密な連携を図るようにすること。

(2) 家庭や地域での幼児の生活も考慮し，教育課程に係る教育時間の終了後等に行う教育活動の計画を作成するようにすること。その際，地域の人々と連携するなど，地域の様々な資源を活用しつつ，多様な体験ができるようにすること。

(3) 家庭との緊密な連携を図るようにすること。その際，情報交換の機会を設けたりするなど，保護者が，幼稚園と共に幼児を育てるという意識が高まるようにすること。

(4) 地域の実態や保護者の事情とともに幼児の生活のリズムを踏まえつつ，例えば実施日数や時間などについて，弾力的な運用に配慮すること。

(5) 適切な責任体制と指導体制を整備した上で行うようにすること。

2　幼稚園の運営に当たっては，子育ての支援のために保護者や地域の人々に機能や施設を開放して，園内体制の整備や関係機関との連携及び協力に配慮しつつ，幼児期の教育に関する相談に応じたり，情報を提供したり，幼児と保護者との登園を受け入れたり，保護者同士の交流の機会を提供したりするなど，幼稚園と家庭が一体となって幼児と関わる取組を進め，地域における幼児期の教育のセンターとしての役割を果たすよう努めるものとする。その際，心理や保健の専門家，地域の子育て経験者等と連携・協働しながら取り組むよう配慮するものとする。

保育所　保育指針

平成29年3月告示
厚生労働省告示

第1章　総　　　則

この指針は，児童福祉施設の設備及び運営に関する基準（昭和23年厚生省令第63号。以下「設備運営基準」という。）第35条の規定に基づき，保育所における保育の内容に関する事項及びこれに関連する運営に関する事項を定めるものである。各保育所は，この指針において規定される保育の内容に係る基本原則に関する事項等を踏まえ，各保育所の実情に応じて創意工夫を図り，保育所の機能及び質の向上に努めなければならない。

1　保育所保育に関する基本原則

(1) 保育所の役割

ア　保育所は，児童福祉法（昭和22年法律第164号）第39条の規定に基づき，保育を必要とする子どもの保育を行い，その健全な心身の発達を図ることを目的とする児童福祉施設であり，入所する子どもの最善の利益を考慮し，その福祉を積極的に増進することに最もふさわしい生活の場でなければならない。

イ　保育所は，その目的を達成するために，保育に関する専門性を有する職員が，家庭との緊密な連携の下に，子どもの状況や発達過程を踏まえ，保育所における環境を通して，養護及び教育を一体的に行うことを特性としている。

ウ　保育所は，入所する子どもを保育するとともに，家庭や地域の様々な社会資源との連携を図りながら，入所する子どもの保護者に対する支援及び地域の子育て家庭に対する支援等を行う役割を担うものである。

エ　保育所における保育士は，児童福祉法第18条の4の規定を踏まえ，保育所の役割及び機能が適切に発揮されるように，倫理観に裏付けられた専門的知識，技術及び判断をもって，子どもを保育するとともに，子どもの保護者に対する保育に関する指導を行うものであり，その職責

を遂行するための専門性の向上に絶えず努めなければならない。

(2) 保育の目標

ア　保育所は，子どもが生涯にわたる人間形成にとって極めて重要な時期に，その生活時間の大半を過ごす場である。このため，保育所の保育は，子どもが現在を最も良く生き，望ましい未来をつくり出す力の基礎を培うために，次の目標を目指して行わなければならない。

(ア) 十分に養護の行き届いた環境の下に，くつろいだ雰囲気の中で子どもの様々な欲求を満たし，生命の保持及び情緒の安定を図ること。

(イ) 健康，安全など生活に必要な基本的な習慣や態度を養い，心身の健康の基礎を培うこと。

(ウ) 人との関わりの中で，人に対する愛情と信頼感，そして人権を大切にする心を育てるとともに，自主，自立及び協調の態度を養い，道徳性の芽生えを培うこと。

(エ) 生命，自然及び社会の事象についての興味や関心を育て，それらに対する豊かな心情や思考力の芽生えを培うこと。

(オ) 生活の中で，言葉への興味や関心を育て，話したり，聞いたり，相手の話を理解しようとするなど，言葉の豊かさを養うこと。

(カ) 様々な体験を通して，豊かな感性や表現力を育み，創造性の芽生えを培うこと。

イ　保育所は，入所する子どもの保護者に対し，その意向を受け止め，子どもと保護者の安定した関係に配慮し，保育所の特性や保育士等の専門性を生かして，その援助に当たらなければならない。

(3) 保育の方法

保育の目標を達成するために，保育士等は，次の事項に留意して保育しなければならない。

ア　一人一人の子どもの状況や家庭及び地域社会での生活の実態を把握するとともに，子どもが安心感と信頼感をもって活動できるよう，子どもの主体としての思いや願いを受け止めること。

イ　子どもの生活のリズムを大切にし，健康，安全で情緒の安定した生活ができる環境や，自己を十分に発揮できる環境を整えること。

ウ　子どもの発達について理解し，一人一人の発達過程に応じて保育すること。その際，子どもの個人差に十分配慮すること。

エ　子ども相互の関係づくりや互いに尊重する心を大切にし，集団における活動を効果あるものにするよう援助すること。

オ　子どもが自発的・意欲的に関われるような環境を構成し，子どもの主体的な活動や子ども相互の関わりを大切にすること。特に，乳幼児期にふさわしい体験が得られるように，生活や遊びを通して総合的に保育すること。

カ　一人一人の保護者の状況やその意向を理解，受容し，それぞれの親子関係や家庭生活等に配慮しながら，様々な機会をとらえ，適切に援助すること。

(4) 保育の環境

保育の環境には，保育士等や子どもなどの人的環境，施設や遊具などの物的環境，更には自然や社会の事象などがある。保育所は，こうした人，物，場などの環境が相互に関連し合い，子どもの生活が豊かなものとなるよう，次の事項に留意しつつ，計画的に環境を構成し，工夫して保育しなければならない。

ア　子ども自らが環境に関わり，自発的に活動し，様々な経験を積んでいくことができるよう配慮すること。

イ　子どもの活動が豊かに展開されるよう，保育所の設備や環境を整え，保育所の保健的環境や安全の確保などに努めること。

ウ　保育室は，温かな親しみとくつろぎの場となるとともに，生き生きと活動できる場となるように配慮すること。

エ　子どもが人と関わる力を育てていくため，子ども自らが周囲の子どもや大人と関わっていくことができる環境を整えること。

(5) 保育所の社会的責任

ア　保育所は，子どもの人権に十分配慮するとともに，子ども一人一人の人格を尊重して保育を行わなければならない。

イ　保育所は，地域社会との交流や連携を図り，保護者や地域社会に，当該保育所が行う保育の内容を適切に説明するよう努めなければならない。

ウ　保育所は，入所する子ども等の個人情報を適切に取り扱うとともに，保護者の苦情などに対し，その解決を図るよう努めなければならない。

2　養護に関する基本的事項

(1) 養護の理念

保育における養護とは，子どもの生命の保持及び情緒の安定を図るために保育士等が行う援助や関わりであり，保育所における保育は，養護及び教育を一体的に行うことをその特性とするものである。保育所における保育全体を通じて，養護に

関するねらい及び内容を踏まえた保育が展開され
なければならない。
(2) 養護に関わるねらい及び内容
ア 生命の保持
(ア) ねらい
① 一人一人の子どもが，快適に生活できるよう
にする。
② 一人一人の子どもが，健康で安全に過ごせる
ようにする。
③ 一人一人の子どもの生理的欲求が，十分に満
たされるようにする。
④ 一人一人の子どもの健康増進が，積極的に図
られるようにする。
(イ) 内容
① 一人一人の子どもの平常の健康状態や発育及
び発達状態を的確に把握し，異常を感じる場合
は，速やかに適切に対応する。
② 家庭との連携を密にし，嘱託医等との連携を
図りながら，子どもの疾病や事故防止に関する
認識を深め，保健的で安全な保育環境の維持及
び向上に努める。
③ 清潔で安全な環境を整え，適切な援助や応答
的な関わりを通して子どもの生理的欲求を満た
していく。また，家庭と協力しながら，子ども
の発達過程等に応じた適切な生活のリズムがつ
くられていくようにする。
④ 子どもの発達過程等に応じて，適度な運動と
休息を取ることができるようにする。また，食
事，排泄，衣類の着脱，身の回りを清潔にする
ことなどについて，子どもが意欲的に生活でき
るよう適切に援助する。
イ 情緒の安定
(ア) ねらい
① 一人一人の子どもが，安定感をもって過ごせ
るようにする。
② 一人一人の子どもが，自分の気持ちを安心し
て表すことができるようにする。
③ 一人一人の子どもが，周囲から主体として受
け止められ，主体として育ち，自分を肯定する
気持ちが育まれていくようにする。
④ 一人一人の子どもがくつろいで共に過ごし，
心身の疲れが癒されるようにする。
(イ) 内容
① 一人一人の子どもの置かれている状態や発達
過程などを的確に把握し，子どもの欲求を適切
に満たしながら，応答的な触れ合いや言葉がけ
を行う。
② 一人一人の子どもの気持ちを受容し，共感し

ながら，子どもとの継続的な信頼関係を築いて
いく。
③ 保育士等との信頼関係を基盤に，一人一人の
子どもが主体的に活動し，自発性や探索意欲な
どを高めるとともに，自分への自信をもつこと
ができるよう成長の過程を見守り，適切に働き
かける。
④ 一人一人の子どもの生活のリズム，発達過程，
保育時間などに応じて，活動内容のバランスや
調和を図りながら，適切な食事や休息が取れる
ようにする。

3 保育の計画及び評価
(1) 全体的な計画の作成
ア 保育所は，1の(2)に示した保育の目標を
達成するために，各保育所の保育の方針や目標
に基づき，子どもの発達過程を踏まえて，保育
の内容が組織的・計画的に構成され，保育所の
生活の全体を通して，総合的に展開されるよう，
全体的な計画を作成しなければならない。
イ 全体的な計画は，子どもや家庭の状況，地域
の実態，保育時間などを考慮し，子どもの育ち
に関する長期的見通しをもって適切に作成され
なければならない。
ウ 全体的な計画は，保育所保育の全体像を包括
的に示すものとし，これに基づく指導計画，保
健計画，食育計画等を通じて，各保育所が創意
工夫して保育できるよう，作成されなければな
らない。
(2) 指導計画の作成
ア 保育所は，全体的な計画に基づき，具体的な
保育が適切に展開されるよう，子どもの生活や
発達を見通した長期的な指導計画と，それに関
連しながら，より具体的な子どもの日々の生活
に即した短期的な指導計画を作成しなければな
らない。
イ 指導計画の作成に当たっては，第2章及びそ
の他の関連する章に示された事項のほか，子ど
も一人一人の発達過程や状況を十分に踏まえる
とともに，次の事項に留意しなければならない。
(ア) 3歳未満児については，一人一人の子ども
の生育歴，心身の発達，活動の実態等に即して，
個別的な計画を作成すること。
(イ) 3歳以上児については，個の成長と，子ど
も相互の関係や協同的な活動が促されるよう配
慮すること。
(ウ) 異年齢で構成される組やグループでの保育
においては，一人一人の子どもの生活や経験，
発達過程などを把握し，適切な援助や環境構成

ができるよう配慮すること。

ウ　指導計画においては，保育所の生活における子どもの発達過程を見通し，生活の連続性，季節の変化などを考慮し，子どもの実態に即した具体的なねらい及び内容を設定すること。また，具体的なねらいが達成されるよう，子どもの生活する姿や発想を大切にして適切な環境を構成し，子どもが主体的に活動できるようにすること。

エ　一日の生活のリズムや在園時間が異なる子どもが共に過ごすことを踏まえ，活動と休息，緊張感と解放感等の調和を図るよう配慮すること。

オ　午睡は生活のリズムを構成する重要な要素であり，安心して眠ることのできる安全な睡眠環境を確保するとともに，在園時間が異なることや，睡眠時間は子どもの発達の状況や個人によって差があることから，一律とならないよう配慮すること。

カ　長時間にわたる保育については，子どもの発達過程，生活のリズム及び心身の状態に十分配慮して，保育の内容や方法，職員の協力体制，家庭との連携などを指導計画に位置付けること。

キ　障害のある子どもの保育については，一人一人の子どもの発達過程や障害の状態を把握し，適切な環境の下で，障害のある子どもが他の子どもとの生活を通して共に成長できるよう，指導計画の中に位置付けること。また，子どもの状況に応じた保育を実施する観点から，家庭や関係機関と連携した支援のための計画を個別に作成するなど適切な対応を図ること。

(3) 指導計画の展開

　指導計画に基づく保育の実施に当たっては，次の事項に留意しなければならない。

ア　施設長，保育士など，全職員による適切な役割分担と協力体制を整えること。

イ　子どもが行う具体的な活動は，生活の中で様々に変化することに留意して，子どもが望ましい方向に向かって自ら活動を展開できるよう必要な援助を行うこと。

ウ　子どもの主体的な活動を促すためには，保育士等が多様な関わりをもつことが重要であることを踏まえ，子どもの情緒の安定や発達に必要な豊かな体験が得られるよう援助すること。

エ　保育士等は，子どもの実態や子どもを取り巻く状況の変化などに即して保育の過程を記録するとともに，これらを踏まえ，指導計画に基づく保育の内容の見直しを行い，改善を図ること。

(4) 保育内容等の評価

ア　保育士等の自己評価

(ア) 保育士等は，保育の計画や保育の記録を通して，自らの保育実践を振り返り，自己評価することを通して，その専門性の向上や保育実践の改善に努めなければならない。

(イ) 保育士等による自己評価に当たっては，子どもの活動内容やその結果だけでなく，子どもの心の育ちや意欲，取り組む過程などにも十分配慮するよう留意すること。

(ウ) 保育士等は，自己評価における自らの保育実践の振り返りや職員相互の話し合い等を通じて，専門性の向上及び保育の質の向上のための課題を明確にするとともに，保育所全体の保育の内容に関する認識を深めること。

イ　保育所の自己評価

(ア) 保育所は，保育の質の向上を図るため，保育の計画の展開や保育士等の自己評価を踏まえ，当該保育所の保育の内容等について，自ら評価を行い，その結果を公表するよう努めなければならない。

(イ) 保育所が自己評価を行うに当たっては，地域の実情や保育所の実態に即して，適切に評価の観点や項目等を設定し，全職員による共通理解をもって取り組むよう留意すること。

(ウ) 設備運営基準第36条の趣旨を踏まえ，保育の内容等の評価に関し，保護者及び地域住民等の意見を聴くことが望ましいこと。

(5) 評価を踏まえた計画の改善

ア　保育所は，評価の結果を踏まえ，当該保育所の保育の内容等の改善を図ること。

イ　保育の計画に基づく保育，保育の内容の評価及びこれに基づく改善という一連の取組により，保育の質の向上が図られるよう，全職員が共通理解をもって取り組むことに留意すること。

4　幼児教育を行う施設として共有すべき事項

(1) 育みたい資質・能力

ア　保育所においては，生涯にわたる生きる力の基礎を培うため，1の(2)に示す保育の目標を踏まえ，次に掲げる資質・能力を一体的に育むよう努めるものとする。

(ア) 豊かな体験を通じて，感じたり，気付いたり，分かったり，できるようになったりする「知識及び技能の基礎」

(イ) 気付いたことや，できるようになったことなどを使い，考えたり，試したり，工夫したり，

表現したりする「思考力，判断力，表現力等の基礎」

（ウ）心情，意欲，態度が育つ中で，よりよい生活を営もうとする「学びに向かう力，人間性等」

イ　アに示す資質・能力は，第2章に示すねらい及び内容に基づく保育活動全体によって育むものである。

(2) 幼児期の終わりまでに育ってほしい姿

次に示す「幼児期の終わりまでに育ってほしい姿」は，第2章に示すねらい及び内容に基づく保育活動全体を通して資質・能力が育まれている子どもの小学校就学時の具体的な姿であり，保育士等が指導を行う際に考慮するものである。

ア　健康な心と体　保育所の生活の中で，充実感をもって自分のやりたいことに向かって心と体を十分に働かせ，見通しをもって行動し，自ら健康で安全な生活をつくり出すようになる。

イ　自立心

身近な環境に主体的に関わり様々な活動を楽しむ中で，しなければならないことを自覚し，自分の力で行うために考えたり，工夫したりしながら，諦めずにやり遂げることで達成感を味わい，自信をもって行動するようになる。

ウ　協同性

友達と関わる中で，互いの思いや考えなどを共有し，共通の目的の実現に向けて，考えたり，工夫したり，協力したりし，充実感をもってやり遂げるようになる。

エ　道徳性・規範意識の芽生え

友達と様々な体験を重ねる中で，してよいことや悪いことが分かり，自分の行動を振り返ったり，友達の気持ちに共感したりし，相手の立場に立って行動するようになる。また，きまりを守る必要性が分かり，自分の気持ちを調整し，友達と折り合いを付けながら，きまりをつくったり，守ったりするようになる。

オ　社会生活との関わり

家族を大切にしようとする気持ちをもつとともに，地域の身近な人と触れ合う中で，人との様々な関わり方に気付き，相手の気持ちを考えて関わり，自分が役に立つ喜びを感じ，地域に親しみをもつようになる。また，保育所内外の様々な環境に関わる中で，遊びや生活に必要な情報を取り入れ，情報に基づき判断したり，情報を伝え合ったり，活用したりするなど，情報を役立てながら活動するようになるとともに，公共の施設を大切に利用するなどして，社会とのつながりなどを意識するようになる。

カ　思考力の芽生え

身近な事象に積極的に関わる中で，物の性質や仕組みなどを感じ取ったり，気付いたりし，考えたり，予想したり，工夫したりするなど，多様な関わりを楽しむようになる。また，友達の様々な考えに触れる中で，自分と異なる考えがあることに気付き，自ら判断したり，考え直したりするなど，新しい考えを生み出す喜びを味わいながら，自分の考えをよりよいものにするようになる。

キ　自然との関わり・生命尊重

自然に触れて感動する体験を通して，自然の変化などを感じ取り，好奇心や探究心をもって考え言葉などで表現しながら，身近な事象への関心が高まるとともに，自然への愛情や畏敬の念をもつようになる。また，身近な動植物に心を動かされる中で，生命の不思議さや尊さに気付き，身近な動植物への接し方を考え，命あるものとしていたわり，大切にする気持ちをもって関わるようになる。

ク　数量や図形，標識や文字などへの関心・感覚

遊びや生活の中で，数量や図形，標識や文字などに親しむ体験を重ねたり，標識や文字の役割に気付いたりし，自らの必要感に基づきこれらを活用し，興味や関心，感覚をもつようになる。

ケ　言葉による伝え合い

保育士等や友達と心を通わせる中で，絵本や物語などに親しみながら，豊かな言葉や表現を身に付け，経験したことや考えたことなどを言葉で伝えたり，相手の話を注意して聞いたりし，言葉による伝え合いを楽しむようになる。

コ　豊かな感性と表現

心を動かす出来事などに触れ感性を働かせる中で，様々な素材の特徴や表現の仕方などに気付き，感じたことや考えたことを自分で表現したり，友達同士で表現する過程を楽しんだりし，表現する喜びを味わい，意欲をもつようになる。

第2章　保育の内容

この章に示す「ねらい」は，第1章の1の (2) に示された保育の目標をより具体化したものであり，子どもが保育所において，安定した生活を送り，充実した活動ができるように，保育を通じて育みたい資質・能力を，子どもの生活する姿から捉えたものである。また，「内容」は，「ねらい」

を達成するために，子どもの生活やその状況に応じて保育士等が適切に行う事項と，保育士等が援助して子どもが環境に関わって経験する事項を示したものである。

保育における「養護」とは，子どもの生命の保持及び情緒の安定を図るために保育士等が行う援助や関わりであり，「教育」とは，子どもが健やかに成長し，その活動がより豊かに展開されるための発達の援助である。本章では，保育士等が，「ねらい」及び「内容」を具体的に把握するため，主に教育に関わる側面からの視点を示しているが，実際の保育においては，養護と教育が一体となって展開されることに留意する必要がある。

1 乳児保育に関わるねらい及び内容

(1) 基本的事項

ア　乳児期の発達については，視覚，聴覚などの感覚や，座る，はう，歩くなどの運動機能が著しく発達し，特定の大人との応答的な関わりを通じて，情緒的な絆が形成されるといった特徴がある。これらの発達の特徴を踏まえて，乳児保育は，愛情豊かに，応答的に行われることが特に必要である。

イ　本項においては，この時期の発達の特徴を踏まえ，乳児保育の「ねらい」及び「内容」については，身体的発達に関する視点「健やかに伸び伸びと育つ」，社会的発達に関する視点「身近な人と気持ちが通じ合う」及び精神的発達に関する視点「身近なものと関わり感性が育つ」としてまとめ，示している。

ウ　本項の各視点において示す保育の内容は，第1章の2に示された養護における「生命の保持」及び「情緒の安定」に関わる保育の内容と，一体となって展開されるものであることに留意が必要である。

(2) ねらい及び内容

ア　健やかに伸び伸びと育つ　健康な心と体を育て，自ら健康で安全な生活をつくり出す力の基盤を培う。

(ア) ねらい

① 身体感覚が育ち，快適な環境に心地よさを感じる。

② 伸び伸びと体を動かし，はう，歩くなどの運動をしようとする。

③ 食事，睡眠等の生活のリズムの感覚が芽生える。

(イ) 内容

① 保育士等の愛情豊かな受容の下で，生理的・心理的欲求を満たし，心地よく生活をする。

② 一人一人の発育に応じて，はう，立つ，歩くなど，十分に体を動かす。

③ 個人差に応じて授乳を行い，離乳を進めていく中で，様々な食品に少しずつ慣れ，食べることを楽しむ。

④ 一人一人の生活のリズムに応じて，安全な環境の下で十分に午睡をする。

⑤ おむつ交換や衣服の着脱などを通じて，清潔になることの心地よさを感じる。

(ウ) 内容の取扱い　上記の取扱いに当たっては，次の事項に留意する必要がある。

① 心と体の健康は，相互に密接な関連があるものであることを踏まえ，温かい触れ合いの中で，心と体の発達を促すこと。特に，寝返り，お座り，はいはい，つかまり立ち，伝い歩きなど，発育に応じて，遊びの中で体を動かす機会を十分に確保し，自ら体を動かそうとする意欲が育つようにすること。

② 健康な心と体を育てるためには望ましい食習慣の形成が重要であることを踏まえ，離乳食が完了期へと徐々に移行する中で，様々な食品に慣れるようにするとともに，和やかな雰囲気の中で食べる喜びや楽しさを味わい，進んで食べようとする気持ちが育つようにすること。なお，食物アレルギーのある子どもへの対応については，嘱託医等の指示や協力の下に適切に対応すること。

イ　身近な人と気持ちが通じ合う　受容的・応答的な関わりの下で，何かを伝えようとする意欲や身近な大人との信頼関係を育て，人と関わる力の基盤を培う。

(ア) ねらい

① 安心できる関係の下で，身近な人と共に過ごす喜びを感じる。

② 体の動きや表情，発声等により，保育士等と気持ちを通わせようとする。

③ 身近な人と親しみ，関わりを深め，愛情や信頼感が芽生える。

(イ) 内容

① 子どもからの働きかけを踏まえた，応答的な触れ合いや言葉がけによって，欲求が満たされ，安定感をもって過ごす。

② 体の動きや表情，発声，喃語等を優しく受け止めてもらい，保育士等とのやり取りを楽しむ。

③ 生活や遊びの中で，自分の身近な人の存在に気付き，親しみの気持ちを表す。

④ 保育士等による語りかけや歌いかけ，発声や

喃語等への応答を通じて，言葉の理解や発語の意欲が育つ。

⑤ 温かく，受容的な関わりを通じて，自分を肯定する気持ちが芽生える。

（ウ）内容の取扱い

上記の取扱いに当たっては，次の事項に留意する必要がある。

① 保育士等との信頼関係に支えられて生活を確立していくことが人と関わる基盤となることを考慮して，子どもの多様な感情を受け止め，温かく受容的・応答的に関わり，一人一人に応じた適切な援助を行うようにすること。

② 身近な人に親しみをもって接し，自分の感情などを表し，それに相手が応答する言葉を聞くことを通して，次第に言葉が獲得されていくことを考慮して，楽しい雰囲気の中での保育士等との関わり合いを大切にし，ゆっくりと優しく話しかけるなど，積極的に言葉のやり取りを楽しむことができるようにすること。

ウ 身近なものと関わり感性が育つ

身近な環境に興味や好奇心をもって関わり，感じたことや考えたことを表現する力の基盤を培う。

（ア）ねらい

① 身の回りのものに親しみ，様々なものに興味や関心をもつ。

② 見る，触れる，探索するなど，身近な環境に自分から関わろうとする。

③ 身体の諸感覚による認識が豊かになり，表情や手足，体の動き等で表現する。

（イ）内容

① 身近な生活用具，玩具や絵本などが用意された中で，身の回りのものに対する興味や好奇心をもつ。

② 生活や遊びの中で様々なものに触れ，音，形，色，手触りなどに気付き，感覚の働きを豊かにする。

③ 保育士等と一緒に様々な色彩や形のものや絵本などを見る。

④ 玩具や身の回りのものを，つまむ，つかむ，たたく，引っ張るなど，手や指を使って遊ぶ。

⑤ 保育士等のあやし遊びに機嫌よく応じたり，歌やリズムに合わせて手足や体を動かして楽しんだりする。

（ウ）内容の取扱い

上記の取扱いに当たっては，次の事項に留意する必要がある。

① 玩具などは，音質，形，色，大きさなど子ども

の発達状態に応じて適切なものを選び，その時々の子どもの興味や関心を踏まえるなど，遊びを通して感覚の発達が促されるものとなるように工夫すること。なお，安全な環境の下で，子どもが探索意欲を満たして自由に遊べるよう，身の回りのものについては，常に十分な点検を行うこと。

② 乳児期においては，表情，発声，体の動きなどで，感情を表現することが多いことから，これらの表現しようとする意欲を積極的に受け止めて，子どもが様々な活動を楽しむことを通して表現が豊かになるようにすること。

（3）保育の実施に関わる配慮事項

ア 乳児は疾病への抵抗力が弱く，心身の機能の未熟さに伴う疾病の発生が多いことから，一人一人の発育及び発達状態や健康状態についての適切な判断に基づく保健的な対応を行うこと。

イ 一人一人の子どもの生育歴の違いに留意しつつ，欲求を適切に満たし，特定の保育士が応答的に関わるように努めること。

ウ 乳児保育に関わる職員間の連携や嘱託医との連携を図り，第3章に示す事項を踏まえ，適切に対応すること。栄養士及び看護師等が配置されている場合は，その専門性を生かした対応を図ること。

エ 保護者との信頼関係を築きながら保育を進めるとともに，保護者からの相談に応じ，保護者への支援に努めていくこと。

オ 担当の保育士が替わる場合には，子どものそれまでの生育歴や発達過程に留意し，職員間で協力して対応すること。

2 1歳以上3歳未満児の保育に関わるねらい及び内容

（1）基本的事項

ア この時期においては，歩き始めから，歩く，走る，跳ぶなどへと，基本的な運動機能が次第に発達し，排泄の自立のための身体的機能も整うようになる。つまむ，めくるなどの指先の機能も発達し，食事，衣類の着脱なども，保育士等の援助の下で自分で行うようになる。発声も明瞭になり，語彙も増加し，自分の意思や欲求を言葉で表出できるようになる。このように自分でできることが増えてくる時期であることから，保育士等は，子どもの生活の安定を図りながら，自分でしようとする気持ちを尊重し，温かく見守るとともに，愛情豊かに，応答的に関わることが必要である。

イ 本項においては，この時期の発達の特徴を踏

まえ，保育の「ねらい」及び「内容」について，心身の健康に関する領域「健康」，人との関わりに関する領域「人間関係」，身近な環境との関わりに関する領域「環境」，言葉の獲得に関する領域「言葉」及び感性と表現に関する領域「表現」としてまとめ，示している。

ウ　本項の各領域において示す保育の内容は，第1章の2に示された養護における「生命の保持」及び「情緒の安定」に関わる保育の内容と，一体となって展開されるものであることに留意が必要である。

（2）ねらい及び内容

ア　健康

健康な心と体を育て，自ら健康で安全な生活をつくり出す力を養う。

（ア）ねらい

① 明るく伸び伸びと生活し，自分から体を動かすことを楽しむ。

② 自分の体を十分に動かし，様々な動きをしようとする。

③ 健康，安全な生活に必要な習慣に気付き，自分でしてみようとする気持ちが育つ。

（イ）内容

① 保育士等の愛情豊かな受容の下で，安定感をもって生活をする。

② 食事や午睡，遊びと休息など，保育所における生活のリズムが形成される。

③ 走る，跳ぶ，登る，押す，引っ張るなど全身を使う遊びを楽しむ。

④ 様々な食品や調理形態に慣れ，ゆったりとした雰囲気の中で食事や間食を楽しむ。

⑤ 身の回りを清潔に保つ心地よさを感じ，その習慣が少しずつ身に付く。

⑥ 保育士等の助けを借りながら，衣類の着脱を自分でしようとする。

⑦ 便器での排泄に慣れ，自分で排泄ができるようになる。

（ウ）内容の取扱い

上記の取扱いに当たっては，次の事項に留意する必要がある。

① 心と体の健康は，相互に密接な関連があるものであることを踏まえ，子どもの気持ちに配慮した温かい触れ合いの中で，心と体の発達を促すこと。特に，一人一人の発育に応じて，体を動かす機会を十分に確保し，自ら体を動かそうとする意欲が育つようにすること。

② 健康な心と体を育てるためには望ましい食習慣の形成が重要であることを踏まえ，ゆったり

とした雰囲気の中で食べる喜びや楽しさを味わい，進んで食べようとする気持ちが育つようにすること。なお，食物アレルギーのある子どもへの対応については，嘱託医等の指示や協力の下に適切に対応すること。

③ 排泄の習慣については，一人一人の排尿間隔等を踏まえ，おむつが汚れていないときに便器に座らせるなどにより，少しずつ慣れさせるようにすること。

④ 食事，排泄，睡眠，衣類の着脱，身の回りを清潔にすることなど，生活に必要な基本的な習慣については，一人一人の状態に応じ，落ち着いた雰囲気の中で行うようにし，子どもが自分でしようとする気持ちを尊重すること。また，基本的な生活習慣の形成に当たっては，家庭での生活経験に配慮し，家庭との適切な連携の下で行うようにすること。

イ　人間関係

他の人々と親しみ，支え合って生活するために，自立心を育て，人と関わる力を養う。

（ア）ねらい

① 保育所での生活を楽しみ，身近な人と関わる心地よさを感じる。

② 周囲の子ども等への興味や関心が高まり，関わりをもとうとする。

③ 保育所の生活の仕方に慣れ，きまりの大切さに気付く。

（イ）内容

① 保育士等や周囲の子ども等との安定した関係の中で，共に過ごす心地よさを感じる。

② 保育士等の受容的・応答的な関わりの中で，欲求を適切に満たし，安定感をもって過ごす。

③ 身の回りに様々な人がいることに気付き，徐々に他の子どもと関わりをもって遊ぶ。

④ 保育士等の仲立ちにより，他の子どもとの関わり方を少しずつ身につける。

⑤ 保育所の生活の仕方に慣れ，きまりがあることや，その大切さに気付く。

⑥ 生活や遊びの中で，年長児や保育士等の真似をしたり，ごっこ遊びを楽しんだりする。

（ウ）内容の取扱い

上記の取扱いに当たっては，次の事項に留意する必要がある。

① 保育士等との信頼関係に支えられて生活を確立するとともに，自分で何かをしようとする気持ちが旺盛になる時期であることに鑑み，そのような子どもの気持ちを尊重し，温かく見守るとともに，愛情豊かに，応答的に関わり，適切

な援助を行うようにすること。

② 思い通りにいかない場合等の子どもの不安定な感情の表出については，保育士等が受容的に受け止めるとともに，そうした気持ちから立ち直る経験や感情をコントロールすることへの気付き等につなげていけるように援助すること。

③ この時期は自己と他者との違いの認識がまだ十分ではないことから，子どもの自我の育ちを見守るとともに，保育士等が仲立ちとなって，自分の気持ちを相手に伝えることや相手の気持ちに気付くことの大切さなど，友達の気持ちや友達との関わり方を丁寧に伝えていくこと。

ウ 環境

周囲の様々な環境に好奇心や探究心をもって関わり，それらを生活に取り入れていこうとする力を養う。

（ア）ねらい

① 身近な環境に親しみ，触れ合う中で，様々なものに興味や関心をもつ。

② 様々なものに関わる中で，発見を楽しんだり，考えたりしようとする。

③ 見る，聞く，触るなどの経験を通して，感覚の働きを豊かにする。

（イ）内容

① 安全で活動しやすい環境での探索活動等を通して，見る，聞く，触れる，嗅ぐ，味わうどの感覚の働きを豊かにする。

② 玩具，絵本，遊具などに興味をもち，それらを使った遊びを楽しむ。

③ 身の回りの物に触れる中で，形，色，大きさ，量などの物の性質や仕組みに気付く。

④ 自分の物と人の物の区別や，場所的感覚など，環境を捉える感覚が育つ。

⑤ 身近な生き物に気付き，親しみをもつ。

⑥ 近隣の生活や季節の行事などに興味や関心をもつ。

（ウ）内容の取扱い

上記の取扱いに当たっては，次の事項に留意する必要がある。

① 玩具などは，音質，形，色，大きさなど子どもの発達状態に応じて適切なものを選び，遊びを通して感覚の発達が促されるように工夫すること。

② 身近な生き物との関わりについては，子どもが命を感じ，生命の尊さに気付く経験へとつながるものであることから，そうした気付きを促すような関わりとなるようにすること。

③ 地域の生活や季節の行事などに触れる際に

は，社会とのつながりや地域社会の文化への気付きにつながるものとなることが望ましいこと。その際，保育所内外の行事や地域の人々との触れ合いなどを通して行うこと等も考慮すること。

エ 言葉

経験したことや考えたことなどを自分なりの言葉で表現し，相手の話す言葉を聞こうとする意欲や態度を育て，言葉に対する感覚や言葉で表現する力を養う。

（ア）ねらい

① 言葉遊びや言葉で表現する楽しさを感じる。

② 人の言葉や話などを聞き，自分でも思ったことを伝えようとする。

③ 絵本や物語等に親しむとともに，言葉のやり取りを通じて身近な人と気持ちを通わせる。

（イ）内容

① 保育士等の応答的な関わりや話しかけにより，自ら言葉を使おうとする。

② 生活に必要な簡単な言葉に気付き，聞き分ける。

③ 親しみをもって日常の挨拶に応じる。

④ 絵本や紙芝居を楽しみ，簡単な言葉を繰り返したり，模倣をしたりして遊ぶ。

⑤ 保育士等とごっこ遊びをする中で，言葉のやり取りを楽しむ。

⑥ 保育士等を仲立ちとして，生活や遊びの中で友達との言葉のやり取りを楽しむ。

⑦ 保育士等や友達の言葉や話に興味や関心をもって，聞いたり，話したりする。

（ウ）内容の取扱い

上記の取扱いに当たっては，次の事項に留意する必要がある。

① 身近な人に親しみをもって接し，自分の感情などを伝え，それに相手が応答し，その言葉を聞くことを通して，次第に言葉が獲得されていくものであることを考慮して，楽しい雰囲気の中で保育士等との言葉のやり取りができるようにすること。

② 子どもが自分の思いを言葉で伝えるとともに，他の子どもの話などを聞くことを通して，次第に話を理解し，言葉による伝え合いができるようになるよう，気持ちや経験等の言語化を行うことを援助するなど，子ども同士の関わりの仲立ちを行うようにすること。

③ この時期は，片言から，二語文，ごっこ遊びでのやり取りができる程度へと，大きく言葉の習得が進む時期であることから，それぞれの子

どもの発達の状況に応じて，遊びや関わりの工夫など，保育の内容を適切に展開することが必要であること。

オ　表現

感じたことや考えたことを自分なりに表現することを通して，豊かな感性や表現する力を養い，創造性を豊かにする。

（ア）ねらい

① 身体の諸感覚の経験を豊かにし，様々な感覚を味わう。

② 感じたことや考えたことなどを自分なりに表現しようとする。

③ 生活や遊びの様々な体験を通して，イメージや感性が豊かになる。

（イ）内容

① 水，砂，土，紙，粘土など様々な素材に触れて楽しむ。

② 音楽，リズムやそれに合わせた体の動きを楽しむ。

③ 生活の中で様々な音，形，色，手触り，動き，味，香りなどに気付いたり，感じたりして楽しむ。

④ 歌を歌ったり，簡単な手遊びや全身を使う遊びを楽しんだりする。

⑤ 保育士等からの話や，生活や遊びの中での出来事を通して，イメージを豊かにする。

⑥ 生活や遊びの中で，興味のあることや経験したことなどを自分なりに表現する。

（ウ）内容の取扱い

上記の取扱いに当たっては，次の事項に留意する必要がある。

① 子どもの表現は，遊びや生活の様々な場面で表出されているものであることから，それらを積極的に受け止め，様々な表現の仕方や感性を豊かにする経験となるようにすること。

② 子どもが試行錯誤しながら様々な表現を楽しむことや，自分の力でやり遂げる充実感などに気付くよう，温かく見守るとともに，適切に援助を行うようにすること。

③ 様々な感情の表現等を通じて，子どもが自分の感情や気持ちに気付くようになる時期であることに鑑み，受容的な関わりの中で自信をもって表現をすることや，諦めずに続けた後の達成感等を感じられるような経験が蓄積されるようにすること。

④ 身近な自然や身の回りの事物に関わる中で，発見や心が動く経験が得られるよう，諸感覚を働かせることを楽しむ遊びや素材を用意するなど保育の環境を整えること。

（3）保育の実施に関わる配慮事項

ア 特に感染症にかかりやすい時期であるので，体の状態，機嫌，食欲などの日常の状態の観察を十分に行うとともに，適切な判断に基づく保健的な対応を心がけること。

イ 探索活動が十分できるように，事故防止に努めながら活動しやすい環境を整え，全身を使う遊びなど様々な遊びを取り入れること。

ウ 自我が形成され，子どもが自分の感情や気持ちに気付くようになる重要な時期であることに鑑み，情緒の安定を図りながら，子どもの自発的な活動を尊重するとともに促していくこと。

エ 担当の保育士が替わる場合には，子どものそれまでの経験や発達過程に留意し，職員間で協力して対応すること。

3　3歳以上児の保育に関するねらい及び内容

（1）基本的事項

ア この時期においては，運動機能の発達により，基本的な動作が一通りできるようになるとともに，基本的な生活習慣もほぼ自立できるようになる。理解する語彙数が急激に増加し，知的興味や関心も高まってくる。仲間と遊び，仲間の中の一人という自覚が生じ，集団的な遊びや協同的な活動も見られるようになる。これらの発達の特徴を踏まえて，この時期の保育においては，個の成長と集団としての活動の充実が図られるようにしなければならない。

イ 本項においては，この時期の発達の特徴を踏まえ，保育の「ねらい」及び「内容」について，心身の健康に関する領域「健康」，人との関わりに関する領域「人間関係」，身近な環境との関わりに関する領域「環境」，言葉の獲得に関する領域「言葉」及び感性と表現に関する領域「表現」としてまとめ，示している。

ウ 本項の各領域において示す保育の内容は，第1章の2に示された養護における「生命の保持」及び「情緒の安定」に関わる保育の内容と，一体となって展開されるものであることに留意が必要である。

（2）ねらい及び内容

ア　健康

健康な心と体を育て，自ら健康で安全な生活をつくり出す力を養う。

（ア）ねらい

① 明るく伸び伸びと行動し，充実感を味わう。

② 自分の体を十分に動かし，進んで運動しようとする。

③ 健康，安全な生活に必要な習慣や態度を身に付け，見通しをもって行動する。

（イ）内容

① 保育士等や友達と触れ合い，安定感をもって行動する。

② いろいろな遊びの中で十分に体を動かす。

③ 進んで戸外で遊ぶ。

④ 様々な活動に親しみ，楽しんで取り組む。

⑤ 保育士等や友達と食べることを楽しみ，食べ物への興味や関心をもつ。

⑥ 健康な生活のリズムを身に付ける。

⑦ 身の回りを清潔にし，衣服の着脱，食事，排泄などの生活に必要な活動を自分でする。

⑧ 保育所における生活の仕方を知り，自分たちで生活の場を整えながら見通しをもって行動する。

⑨ 自分の健康に関心をもち，病気の予防などに必要な活動を進んで行う。

⑩ 危険な場所，危険な遊び方，災害時などの行動の仕方が分かり，安全に気を付けて行動する。

（ウ）内容の取扱い

上記の取扱いに当たっては，次の事項に留意する必要がある。

① 心と体の健康は，相互に密接な関連があるものであることを踏まえ，子どもが保育士等や他の子どもとの温かい触れ合いの中で自己の存在感や充実感を味わうことなどを基盤として，しなやかな心と体の発達を促すこと。特に，十分に体を動かす気持ちよさを体験し，自ら体を動かそうとする意欲が育つようにすること。

② 様々な遊びの中で，子どもが興味や関心，能力に応じて全身を使って活動することにより，体を動かす楽しさを味わい，自分の体を大切にしようとする気持ちが育つようにすること。その際，多様な動きを経験する中で，体の動きを調整するようにすること。

③ 自然の中で伸び伸びと体を動かして遊ぶことにより，体の諸機能の発達が促されることに留意し，子どもの興味や関心が戸外にも向くようにすること。その際，子どもの動線に配慮した園庭や遊具の配置などを工夫すること。

④ 健康な心と体を育てるためには食育を通じた望ましい食習慣の形成が大切であることを踏まえ，子どもの食生活の実情に配慮し，和やかな雰囲気の中で保育士等や他の子どもと食べる喜びや楽しさを味わったり，様々な食べ物への興味や関心をもったりするなどし，食の大切さに気付き，進んで食べようとする気持ちが育つよ

うにすること。

⑤ 基本的な生活習慣の形成に当たっては，家庭での生活経験に配慮し，子どもの自立心を育て，子どもが他の子どもと関わりながら主体的な活動を展開する中で，生活に必要な習慣を身に付け，次第に見通しをもって行動できるようにすること。

⑥ 安全に関する指導に当たっては，情緒の安定を図り，遊びを通して安全についての構えを身に付け，危険な場所や事物などが分かり，安全についての理解を深めるようにすること。また，交通安全の習慣を身に付けるようにするとともに，避難訓練などを通して，災害などの緊急時に適切な行動がとれるようにすること。

イ 人間関係

他の人々と親しみ，支え合って生活するために，自立心を育て，人と関わる力を養う。

（ア）ねらい

① 保育所の生活を楽しみ，自分の力で行動することの充実感を味わう。

② 身近な人と親しみ，関わりを深め，工夫したり，協力したりして一緒に活動する楽しさを味わい，愛情や信頼感をもつ。

③ 社会生活における望ましい習慣や態度を身に付ける。

（イ）内容

① 保育士等や友達と共に過ごすことの喜びを味わう。

② 自分で考え，自分で行動する。

③ 自分でできることは自分でする。

④ いろいろな遊びを楽しみながら物事をやり遂げようとする気持ちをもつ。

⑤ 友達と積極的に関わりながら喜びや悲しみを共感し合う。

⑥ 自分の思ったことを相手に伝え，相手の思っていることに気付く。

⑦ 友達のよさに気付き，一緒に活動する楽しさを味わう。

⑧ 友達と楽しく活動する中で，共通の目的を見いだし，工夫したり，協力したりなどする。

⑨ よいことや悪いことがあることに気付き，考えながら行動する。

⑩ 友達との関わりを深め，思いやりをもつ。

⑪ 友達と楽しく生活する中できまりの大切さに気付き，守ろうとする。

⑫ 共同の遊具や用具を大切にし，皆で使う。

⑬ 高齢者をはじめ地域の人々などの自分の生活に関係の深いいろいろな人に親しみをもつ。

（ウ）内容の取扱い

上記の取扱いに当たっては，次の事項に留意する必要がある。

① 保育士等との信頼関係に支えられて自分自身の生活を確立していくことが人と関わる基盤となることを考慮し，子どもが自ら周囲に働き掛けることにより多様な感情を体験し，試行錯誤しながら諦めずにやり遂げることの達成感や，前向きな見通しをもって自分の力で行うことの充実感を味わうことができるよう，子どもの行動を見守りながら適切な援助を行うようにすること。

② 一人一人を生かした集団を形成しながら人と関わる力を育てていくようにすること。その際，集団の生活の中で，子どもが自己を発揮し，保育士等や他の子どもに認められる体験をし，自分のよさや特徴に気付き，自信をもって行動できるようにすること。

③ 子どもが互いに関わりを深め，協同して遊ぶようになるため，自ら行動する力を育てるとともに，他の子どもと試行錯誤しながら活動を展開する楽しさや共通の目的が実現する喜びを味わうことができるようにすること。

④ 道徳性の芽生えを培うに当たっては，基本的な生活習慣の形成を図るとともに，子どもが他の子どもとの関わりの中で他人の存在に気付き，相手を尊重する気持ちをもって行動できるようにし，また，自然や身近な動植物に親しむことなどを通して豊かな心情が育つようにすること。特に，人に対する信頼感や思いやりの気持ちは，葛藤やつまずきをも体験し，それらを乗り越えることにより次第に芽生えてくることに配慮すること。

⑤ 集団の生活を通して，子どもが人との関わりを深め，規範意識の芽生えが培われることを考慮し，子どもが保育士等との信頼関係に支えられて自己を発揮する中で，互いに思いを主張し，折り合いを付ける体験をし，きまりの必要性などに気付き，自分の気持ちを調整する力が育つようにすること。

⑥ 高齢者をはじめ地域の人々などの自分の生活に関係の深いいろいろな人と触れ合い，自分の感情や意志を表現しながら共に楽しみ，共感し合う体験を通して，これらの人々などに親しみをもち，人と関わることの楽しさや人の役に立つ喜びを味わうことができるようにすること。また，生活を通して親や祖父母などの家族の愛情に気付き，家族を大切にしようとする気持ち

が育つようにすること。

ウ　環境

周囲の様々な環境に好奇心や探究心をもって関わり，それらを生活に取り入れていこうとする力を養う。

（ア）ねらい

① 身近な環境に親しみ，自然と触れ合う中で様々な事象に興味や関心をもつ。

② 身近な環境に自分から関わり，発見を楽しんだり，考えたりし，それを生活に取り入れようとする。

③ 身近な事象を見たり，考えたり，扱ったりする中で，物の性質や数量，文字などに対する感覚を豊かにする。

（イ）内容

① 自然に触れて生活し，その大きさ，美しさ，不思議さなどに気付く。

② 生活の中で，様々な物に触れ，その性質や仕組みに興味や関心をもつ。

③ 季節により自然や人間の生活に変化のあることに気付く。

④ 自然などの身近な事象に関心をもち，取り入れて遊ぶ。

⑤ 身近な動植物に親しみをもって接し，生命の尊さに気付き，いたわったり，大切にしたりする。

⑥ 日常生活の中で，我が国や地域社会における様々な文化や伝統に親しむ。

⑦ 身近な物を大切にする。

⑧ 身近な物や遊具に興味をもって関わり，自分なりに比べたり，関連付けたりしながら考えたり，試したりして工夫して遊ぶ。

⑨ 日常生活の中で数量や図形などに関心をもつ。

⑩ 日常生活の中で簡単な標識や文字などに関心をもつ。

⑪ 生活に関係の深い情報や施設などに興味や関心をもつ。

⑫ 保育所内外の行事において国旗に親しむ。

（ウ）内容の取扱い

上記の取扱いに当たっては，次の事項に留意する必要がある。

① 子どもが，遊びの中で周囲の環境と関わり，次第に周囲の世界に好奇心を抱き，その意味や操作の仕方に関心をもち，物事の法則性に気付き，自分なりに考えることができるようになる過程を大切にすること。また，他の子どもの考えなどに触れて新しい考えを生み出す喜びや楽

しさを味わい，自分の考えをよりよいものにしようとする気持ちが育つようにすること。
② 幼児期において自然のもつ意味は大きく，自然の大きさ，美しさ，不思議さなどに直接触れる体験を通して，子どもの心が安らぎ，豊かな感情，好奇心，思考力，表現力の基礎が培われることを踏まえ，子どもが自然との関わりを深めることができるよう工夫すること。
③ 身近な事象や動植物に対する感動を伝え合い，共感し合うことなどを通して自分から関わろうとする意欲を育てるとともに，様々な関わり方を通してそれらに対する親しみや畏敬の念，生命を大切にする気持ち，公共心，探究心などが養われるようにすること。
④ 文化や伝統に親しむ際には，正月や節句など我が国の伝統的な行事，国歌，唱歌，わらべうたや我が国の伝統的な遊びに親しんだり，異なる文化に触れる活動に親しんだりすることを通じて，社会とのつながりの意識や国際理解の意識の芽生えなどが養われるようにすること。
⑤ 数量や文字などに関しては，日常生活の中で子ども自身の必要感に基づく体験を大切にし，数量や文字などに関する興味や関心，感覚が養われるようにすること。

エ 言葉
　経験したことや考えたことなどを自分なりの言葉で表現し，相手の話す言葉を聞こうとする意欲や態度を育て，言葉に対する感覚や言葉で表現する力を養う。
（ア）ねらい
① 自分の気持ちを言葉で表現する楽しさを味わう。
② 人の言葉や話などをよく聞き，自分の経験したことや考えたことを話し，伝え合う喜びを味わう。
③ 日常生活に必要な言葉が分かるようになるとともに，絵本や物語などに親しみ，言葉に対する感覚を豊かにし，保育士等や友達と心を通わせる。
（イ）内容
① 保育士等や友達の言葉や話に興味や関心をもち，親しみをもって聞いたり，話したりする。
② したり，見たり，聞いたり，感じたり，考えたりなどしたことを自分なりに言葉で表現する。
③ したいこと，してほしいことを言葉で表現したり，分からないことを尋ねたりする。
④ 人の話を注意して聞き，相手に分かるように

話す。
⑤ 生活の中で必要な言葉が分かり，使う。
⑥ 親しみをもって日常の挨拶をする。
⑦ 生活の中で言葉の楽しさや美しさに気付く。
⑧ いろいろな体験を通じてイメージや言葉を豊かにする。
⑨ 絵本や物語などに親しみ，興味をもって聞き，想像をする楽しさを味わう。
⑩ 日常生活の中で，文字などで伝える楽しさを味わう。
（ウ）内容の取扱い
　上記の取扱いに当たっては，次の事項に留意する必要がある。
① 言葉は，身近な人に親しみをもって接し，自分の感情や意志などを伝え，それに相手が応答し，その言葉を聞くことを通して次第に獲得されていくものであることを考慮して，子どもが保育士等や他の子どもと関わることにより心を動かされるような体験をし，言葉を交わす喜びを味わえるようにすること。
② 子どもが自分の思いを言葉で伝えるとともに，保育士等や他の子どもなどの話を興味をもって注意して聞くことを通して次第に話を理解するようになっていき，言葉による伝え合いができるようにすること。
③ 絵本や物語などで，その内容と自分の経験とを結び付けたり，想像を巡らせたりするなど，楽しみを十分に味わうことによって，次第に豊かなイメージをもち，言葉に対する感覚が養われるようにすること。
④ 子どもが生活の中で，言葉の響きやリズム，新しい言葉や表現などに触れ，これらを使う楽しさを味わえるようにすること。その際，絵本や物語に親しんだり，言葉遊びなどをしたりすることを通して，言葉が豊かになるようにすること。
⑤ 子どもが日常生活の中で，文字などを使いながら思ったことや考えたことを伝える喜びや楽しさを味わい，文字に対する興味や関心をもつようにすること。

オ 表現
　感じたことや考えたことを自分なりに表現することを通して，豊かな感性や表現する力を養い，創造性を豊かにする。
（ア）ねらい
① いろいろなものの美しさなどに対する豊かな感性をもつ。
② 感じたことや考えたことを自分なりに表現し

て楽しむ。

③　生活の中でイメージを豊かにし，様々な表現を楽しむ。

（イ）内容

①　生活の中で様々な音，形，色，手触り，動きなどに気付いたり，感じたりするなどして楽しむ。

②　生活の中で美しいものや心を動かす出来事に触れ，イメージを豊かにする。

③　様々な出来事の中で，感動したことを伝え合う楽しさを味わう。

④　感じたこと，考えたことなどを音や動きなどで表現したり，自由にかいたり，つくったりなどする。

⑤　いろいろな素材に親しみ，工夫して遊ぶ。

⑥　音楽に親しみ，歌を歌ったり，簡単なリズム楽器を使ったりなどする楽しさを味わう。

⑦　かいたり，つくったりすることを楽しみ，遊びに使ったり，飾ったりなどする。

⑧　自分のイメージを動きや言葉などで表現したり，演じて遊んだりするなどの楽しさを味わう。

（ウ）内容の取扱い

　上記の取扱いに当たっては，次の事項に留意する必要がある。

①　豊かな感性は，身近な環境と十分に関わる中で美しいもの，優れたもの，心を動かす出来事などに出会い，そこから得た感動を他の子どもや保育士等と共有し，様々に表現することなどを通して養われるようにすること。その際，風の音や雨の音，身近にある草や花の形や色など自然の中にある音，形，色などに気付くようにすること。

②　子どもの自己表現は素朴な形で行われることが多いので，保育士等はそのような表現を受容し，子ども自身の表現しようとする意欲を受け止めて，子どもが生活の中で子どもらしい様々な表現を楽しむことができるようにすること。

③　生活経験や発達に応じ，自ら様々な表現を楽しみ，表現する意欲を十分に発揮させることができるように，遊具や用具などを整えたり，様々な素材や表現の仕方に親しんだり，他の子どもの表現に触れられるよう配慮したりし，表現する過程を大切にして自己表現を楽しめるように工夫すること。

（3）保育の実施に関わる配慮事項

ア　第1章の4の（2）に示す「幼児期の終わりまでに育ってほしい姿」が，ねらい及び内容に基づく活動全体を通して資質・能力が育まれて

いる子どもの小学校就学時の具体的な姿であることを踏まえ，指導を行う際には適宜考慮すること。

イ　子どもの発達や成長の援助をねらいとした活動の時間については，意識的に保育の計画等において位置付けて，実施することが重要であること。なお，そのような活動の時間については，保護者の就労状況等に応じて子どもが保育所で過ごす時間がそれぞれ異なることに留意して設定すること。

ウ　特に必要な場合には，各領域に示すねらいの趣旨に基づいて，具体的な内容を工夫し，それを加えても差し支えないが，その場合には，それが第1章の1に示す保育所保育に関する基本原則を逸脱しないよう慎重に配慮する必要があること。

4　保育の実施に関して留意すべき事項

（1）保育全般に関わる配慮事項

ア　子どもの心身の発達及び活動の実態などの個人差を踏まえるとともに，一人一人の子どもの気持ちを受け止め，援助すること。

イ　子どもの健康は，生理的・身体的な育ちとともに，自主性や社会性，豊かな感性の育ちとがあいまってもたらされることに留意すること。

ウ　子どもが自ら周囲に働きかけ，試行錯誤しつつ自分の力で行う活動を見守りながら，適切に援助すること。

エ　子どもの入所時の保育に当たっては，できるだけ個別的に対応し，子どもが安定感を得て，次第に保育所の生活になじんでいくようにするとともに，既に入所している子どもに不安や動揺を与えないようにすること。

オ　子どもの国籍や文化の違いを認め，互いに尊重する心を育てるようにすること。

カ　子どもの性差や個人差にも留意しつつ，性別などによる固定的な意識を植え付けることがないようにすること。

（2）小学校との連携

ア　保育所においては，保育所保育が，小学校以降の生活や学習の基盤の育成につながることに配慮し，幼児期にふさわしい生活を通じて，創造的な思考や主体的な生活態度などの基礎を培うようにすること。

イ　保育所保育において育まれた資質・能力を踏まえ，小学校教育が円滑に行われるよう，小学校教師との意見交換や合同の研究の機会などを設け，第1章の4の（2）に示す「幼児期の終わりまでに育って欲しい姿」を共有するなど連

携を図り，保育所保育と小学校教育との円滑な接続を図るよう努めること。

ウ　子どもに関する情報共有に関して，保育所に入所している子どもの就学に際し，市町村の支援の下に，子どもの育ちを支えるための資料が保育所から小学校へ送付されるようにすること。

(3) 家庭及び地域社会との連携

子どもの生活の連続性を踏まえ，家庭及び地域社会と連携して保育が展開されるよう配慮すること。その際，家庭や地域の機関及び団体の協力を得て，地域の自然，高齢者や異年齢の子ども等を含む人材，行事，施設等の地域の資源を積極的に活用し，豊かな生活体験をはじめ保育内容の充実が図られるよう配慮すること。

第3章　健康及び安全

保育所保育において，子どもの健康及び安全の確保は，子どもの生命の保持と健やかな生活の基本であり，一人一人の子どもの健康の保持及び増進並びに安全の確保とともに，保育所全体における健康及び安全の確保に努めることが重要となる。

また，子どもが，自らの体や健康に関心をもち，心身の機能を高めていくことが大切である。

このため，第1章及び第2章等の関連する事項に留意し，次に示す事項を踏まえ，保育を行うこととする。

1　子どもの健康支援

(1) 子どもの健康状態並びに発育及び発達状態の把握

ア　子どもの心身の状態に応じて保育するために，子どもの健康状態並びに発育及び発達状態について，定期的・継続的に，また，必要に応じて随時，把握すること。

イ　保護者からの情報とともに，登所時及び保育中を通じて子どもの状態を観察し，何らかの疾病が疑われる状態や傷害が認められた場合には，保護者に連絡するとともに，嘱託医と相談するなど適切な対応を図ること。看護師等が配置されている場合には，その専門性を生かした対応を図ること。

ウ　子どもの心身の状態等を観察し，不適切な養育の兆候が見られる場合には，市町村や関係機関と連携し，児童福祉法第25条に基づき，適切な対応を図ること。また，虐待が疑われる場合には，速やかに市町村又は児童相談所に通告し，適切な対応を図ること。

(2) 健康増進

ア　子どもの健康に関する保健計画を全体的な計画に基づいて作成し，全職員がそのねらいや内容を踏まえ，一人一人の子どもの健康の保持及び増進に努めていくこと。

イ　子どもの心身の健康状態や疾病等の把握のために，嘱託医等により定期的に健康診断を行い，その結果を記録し，保育に活用するとともに，保護者が子どもの状態を理解し，日常生活に活用できるようにすること。

(3) 疾病等への対応

ア　保育中に体調不良や傷害が発生した場合には，その子どもの状態等に応じて，保護者に連絡するとともに，適宜，嘱託医や子どものかかりつけ医等と相談し，適切な処置を行うこと。看護師等が配置されている場合には，その専門性を生かした対応を図ること。

イ　感染症やその他の疾病の発生予防に努め，その発生や疑いがある場合には，必要に応じて嘱託医，市町村，保健所等に連絡し，その指示に従うとともに，保護者や全職員に連絡し，予防等について協力を求めること。また，感染症に関する保育所の対応方法等について，あらかじめ関係機関の協力を得ておくこと。看護師等が配置されている場合には，その専門性を生かした対応を図ること。

ウ　アレルギー疾患を有する子どもの保育については，保護者と連携し，医師の診断及び指示に基づき，適切な対応を行うこと。また，食物アレルギーに関して，関係機関と連携して，当該保育所の体制構築など，安全な環境の整備を行うこと。看護師や栄養士等が配置されている場合には，その専門性を生かした対応を図ること。

エ　子どもの疾病等の事態に備え，医務室等の環境を整え，救急用の薬品，材料等を適切な管理の下に常備し，全職員が対応できるようにしておくこと。

2　食育の推進

(1) 保育所の特性を生かした食育

ア　保育所における食育は，健康な生活の基本としての「食を営む力」の育成に向け，その基礎

を培うことを目標とすること。

イ　子どもが生活と遊びの中で，意欲をもって食に関わる体験を積み重ね，食べることを楽しみ，食事を楽しみ合う子どもに成長していくことを期待するものであること。

ウ　乳幼児期にふさわしい食生活が展開され，適切な援助が行われるよう，食事の提供を含む食育計画を全体的な計画に基づいて作成し，その評価及び改善に努めること。栄養士が配置されている場合は，専門性を生かした対応を図ること。

(2) 食育の環境の整備等

ア　子どもが自らの感覚や体験を通して，自然の恵みとしての食材や食の循環・環境への意識，調理する人への感謝の気持ちが育つように，子どもと調理員等との関わりや，調理室など食に関わる保育環境に配慮すること。

イ　保護者や地域の多様な関係者との連携及び協働の下で，食に関する取組が進められること。
　　また，市町村の支援の下に，地域の関係機関等との日常的な連携を図り，必要な協力が得られるよう努めること。

ウ　体調不良，食物アレルギー，障害のある子どもなど，一人一人の子どもの心身の状態等に応じ，嘱託医，かかりつけ医等の指示や協力の下に適切に対応すること。栄養士が配置されている場合は，専門性を生かした対応を図ること。

3　環境及び衛生管理並びに安全管理

(1) 環境及び衛生管理

ア　施設の温度，湿度，換気，採光，音などの環境を常に適切な状態に保持するとともに，施設内外の設備及び用具等の衛生管理に努めること。

イ　施設内外の適切な環境の維持に努めるとともに，子ども及び全職員が清潔を保つようにすること。また，職員は衛生知識の向上に努めること。

(2) 事故防止及び安全対策

ア　保育中の事故防止のために，子どもの心身の

状態等を踏まえつつ，施設内外の安全点検に努め，安全対策のために全職員の共通理解や体制づくりを図るとともに，家庭や地域の関係機関の協力の下に安全指導を行うこと。

イ　事故防止の取組を行う際には，特に，睡眠中，プール活動・水遊び中，食事中等の場面では重大事故が発生しやすいことを踏まえ，子どもの主体的な活動を大切にしつつ，施設内外の環境の配慮や指導の工夫を行うなど，必要な対策を講じること。

ウ　保育中の事故の発生に備え，施設内外の危険箇所の点検や訓練を実施するとともに，外部からの不審者等の侵入防止のための措置や訓練など不測の事態に備えて必要な対応を行うこと。また，子どもの精神保健面における対応に留意すること。

4　災害への備え

(1) 施設・設備等の安全確保

ア　防火設備，避難経路等の安全性が確保されるよう，定期的にこれらの安全点検を行うこと。

イ　備品，遊具等の配置，保管を適切に行い，日頃から，安全環境の整備に努めること。

(2) 災害発生時の対応体制及び避難への備え

ア　火災や地震などの災害の発生に備え，緊急時の対応の具体的内容及び手順，職員の役割分担，避難訓練計画等に関するマニュアルを作成すること。

イ　定期的に避難訓練を実施するなど，必要な対応を図ること。

ウ　災害の発生時に，保護者等への連絡及び子どもの引渡しを円滑に行うため，日頃から保護者との密接な連携に努め，連絡体制や引渡し方法等について確認をしておくこと。

(3) 地域の関係機関等との連携

ア　市町村の支援の下に，地域の関係機関との日常的な連携を図り，必要な協力が得られるよう努めること。

イ　避難訓練については，地域の関係機関や保護者との連携の下に行うなど工夫すること。

第4章　子育て支援

　保育所における保護者に対する子育て支援は，全ての子どもの健やかな育ちを実現することができるよう，第1章及び第2章等の関連する事項を踏まえ，子どもの育ちを家庭と連携して支援していくとともに，保護者及び地域が有する子育てを自ら実践する力の向上に資するよう，次の事項に

留意するものとする。

1　保育所における子育て支援に関する基本的事項

(1) 保育所の特性を生かした子育て支援

ア　保護者に対する子育て支援を行う際には，各地域や家庭の実態等を踏まえるとともに，保護

者の気持ちを受け止め，相互の信頼関係を基本に，保護者の自己決定を尊重すること。

イ　保育及び子育てに関する知識や技術など，保育士等の専門性や，子どもが常に存在する環境など，保育所の特性を生かし，保護者が子どもの成長に気付き子育ての喜びを感じられるように努めること。

(2) 子育て支援に関して留意すべき事項

ア　保護者に対する子育て支援における地域の関係機関等との連携及び協働を図り，保育所全体の体制構築に努めること。

イ　子どもの利益に反しない限りにおいて，保護者や子どものプライバシーを保護し，知り得た事柄の秘密を保持すること。

2　保育所を利用している保護者に対する子育て支援

(1) 保護者との相互理解

ア　日常の保育に関連した様々な機会を活用し子どもの日々の様子の伝達や収集，保育所保育の意図の説明などを通じて，保護者との相互理解を図るよう努めること。

イ　保育の活動に対する保護者の積極的な参加は，保護者の子育てを自ら実践する力の向上に寄与することから，これを促すこと。

(2) 保護者の状況に配慮した個別の支援

ア　保護者の就労と子育ての両立等を支援するため，保護者の多様化した保育の需要に応じ，病児保育事業など多様な事業を実施する場合には，保護者の状況に配慮するとともに，子どもの福祉が尊重されるよう努め，子どもの生活の連続性を考慮すること。

イ　子どもに障害や発達上の課題が見られる場合には，市町村や関係機関と連携及び協力を図りつつ，保護者に対する個別の支援を行うよう努めること。

ウ　外国籍家庭など，特別な配慮を必要とする家庭の場合には，状況等に応じて個別の支援を行うよう努めること。

(3) 不適切な養育等が疑われる家庭への支援

ア　保護者に育児不安等が見られる場合には，保護者の希望に応じて個別の支援を行うよう努めること。

イ　保護者に不適切な養育等が疑われる場合には，市町村や関係機関と連携し，要保護児童対策地域協議会で検討するなど適切な対応を図ること。また，虐待が疑われる場合には，速やかに市町村又は児童相談所に通告し，適切な対応を図ること。

3　地域の保護者等に対する子育て支援

(1) 地域に開かれた子育て支援

ア　保育所は，児童福祉法第48条の4の規定に基づき，その行う保育に支障がない限りにおいて，地域の実情や当該保育所の体制等を踏まえ，地域の保護者等に対して，保育所保育の専門性を生かした子育て支援を積極的に行うよう努めること。

イ　地域の子どもに対する一時預かり事業などの活動を行う際には，一人一人の子どもの心身の状態などを考慮するとともに，日常の保育との関連に配慮するなど，柔軟に活動を展開できるようにすること。

(2) 地域の関係機関等との連携

ア　市町村の支援を得て，地域の関係機関等との積極的な連携及び協働を図るとともに，子育て支援に関する地域の人材と積極的に連携を図るよう努めること。

イ　地域の要保護児童への対応など，地域の子どもを巡る諸課題に対し，要保護児童対策地域協議会など関係機関等と連携及び協力して取り組むよう努めること。

第5章　職員の資質向上

　第1章から前章までに示された事項を踏まえ，保育所は，質の高い保育を展開するため，絶えず，一人一人の職員についての資質向上及び職員全体の専門性の向上を図るよう努めなければならない。

1　職員の資質向上に関する基本的事項

(1) 保育所職員に求められる専門性

　子どもの最善の利益を考慮し，人権に配慮した保育を行うためには，職員一人一人の倫理観，人間性並びに保育所職員としての職務及び責任の理解と自覚が基盤となる。

　各職員は，自己評価に基づく課題等を踏まえ，保育所内外の研修等を通じて，保育士・看護師・調理員・栄養士等，それぞれの職務内容に応じた専門性を高めるため，必要な知識及び技術の修得，維持及び向上に努めなければならない。

(2) 保育の質の向上に向けた組織的な取組

　保育所においては，保育の内容等に関する自己評価等を通じて把握した，保育の質の向上に向けた課題に組織的に対応するため，保育内容の改善

や保育士等の役割分担の見直し等に取り組むとともに，それぞれの職位や職務内容等に応じて，各職員が必要な知識及び技能を身につけられるよう努めなければならない。

2　施設長の責務

(1) 施設長の責務と専門性の向上

　施設長は，保育所の役割や社会的責任を遂行するために，法令等を遵守し，保育所を取り巻く社会情勢等を踏まえ，施設長としての専門性等の向上に努め，当該保育所における保育の質及び職員の専門性向上のために必要な環境の確保に努めなければならない。

(2) 職員の研修機会の確保等

　施設長は，保育所の全体的な計画や，各職員の研修の必要性等を踏まえて，体系的・計画的な研修機会を確保するとともに，職員の勤務体制の工夫等により，職員が計画的に研修等に参加し，その専門性の向上が図られるよう努めなければならない。

3　職員の研修等

(1) 職場における研修

　職員が日々の保育実践を通じて，必要な知識及び技術の修得，維持及び向上を図るとともに，保育の課題等への共通理解や協働性を高め，保育所全体としての保育の質の向上を図っていくためには，日常的に職員同士が主体的に学び合う姿勢と環境が重要であり，職場内での研修の充実が図られなければならない。

(2) 外部研修の活用

　各保育所における保育の課題への的確な対応や，保育士等の専門性の向上を図るためには，職場内での研修に加え，関係機関等による研修の活用が有効であることから，必要に応じて，こうした外部研修への参加機会が確保されるよう努めなければならない。

4　研修の実施体制等

(1) 体系的な研修計画の作成

　保育所においては，当該保育所における保育の課題や各職員のキャリアパス等も見据えて，初任者から管理職員までの職位や職務内容等を踏まえた体系的な研修計画を作成しなければならない。

(2) 組織内での研修成果の活用

　外部研修に参加する職員は，自らの専門性の向上を図るとともに，保育所における保育の課題を理解し，その解決を実践できる力を身に付けることが重要である。また，研修で得た知識及び技能を他の職員と共有することにより，保育所全体としての保育実践の質及び専門性の向上につなげていくことが求められる。

(3) 研修の実施に関する留意事項

　施設長等は保育所全体としての保育実践の質及び専門性の向上のために，研修の受講は特定の職員に偏ることなく行われるよう，配慮する必要がある。また，研修を修了した職員については，その職務内容等において，当該研修の成果等が適切に勘案されることが望ましい。

小学校　学習指導要領

平成 29 年 3 月
文部科学省告示

第6節　音　　楽

第1　目標

表現及び鑑賞の活動を通して，音楽的な見方・考え方を働かせ，生活や社会の中の音や音楽と豊かに関わる資質・能力を次のとおり育成することを目指す。
(1) 曲想と音楽の構造などとの関わりについて理解するとともに，表したい音楽表現をするために必要な技能を身に付けるようにする。
(2) 音楽表現を工夫することや，音楽を味わって聴くことができるようにする。
(3) 音楽活動の楽しさを体験することを通して，音楽を愛好する心情と音楽に対する感性を育むとともに，音楽に親しむ態度を養い，豊かな情操を培う。

第2　各学年の目標及び内容

〔第1学年及び第2学年〕
1　目　標
(1) 曲想と音楽の構造などとの関わりについて気付くとともに，音楽表現を楽しむために必要な歌唱，器楽，音楽づくりの技能を身に付けるようにする。
(2) 音楽表現を考えて表現に対する思いをもつことや，曲や演奏の楽しさを見いだしながら音楽を味わって聴くことができるようにする。
(3) 楽しく音楽に関わり，協働して音楽活動をする楽しさを感じながら，身の回りの様々な音楽に親しむとともに，音楽経験を生かして生活を明るく潤いのあるものにしようとする態度を養う。

2　内　容
A　表　現
(1) 歌唱の活動を通して，次の事項を身に付けることができるよう指導する。
ア　歌唱表現についての知識や技能を得たり生かしたりしながら，曲想を感じ取って表現を工夫し，どのように歌うかについて思いをもつこと。
イ　曲想と音楽の構造との関わり，曲想と歌詞の表す情景や気持ちとの関わりについて気付くこと。
ウ　思いに合った表現をするために必要な次の（ア）から（ウ）までの技能を身に付けること。
（ア）範唱を聴いて歌ったり，階名で模唱したり暗唱したりする技能

（イ）自分の歌声及び発音に気を付けて歌う技能
（ウ）互いの歌声や伴奏を聴いて，声を合わせて歌う技能
(2) 器楽の活動を通して，次の事項を身に付けることができるよう指導する。
ア　器楽表現についての知識や技能を得たり生かしたりしながら，曲想を感じ取って表現を工夫し，どのように演奏するかについて思いをもつこと。
イ　次の（ア）及び（イ）について気付くこと。
（ア）曲想と音楽の構造との関わり
（イ）楽器の音色と演奏の仕方との関わり
ウ　思いに合った表現をするために必要な次の（ア）から（ウ）までの技能を身に付けること。
（ア）範奏を聴いたり，リズム譜などを見たりして演奏する技能
（イ）音色に気を付けて，旋律楽器及び打楽器を演奏する技能
（ウ）互いの楽器の音や伴奏を聴いて，音を合わせて演奏する技能
(3) 音楽づくりの活動を通して，次の事項を身に付けることができるよう指導する。
ア　音楽づくりについての知識や技能を得たり生かしたりしながら，次の（ア）及び（イ）をできるようにすること。
（ア）音遊びを通して，音楽づくりの発想を得ること。
（イ）どのように音を音楽にしていくかについて思いをもつこと。
イ　次の（ア）及び（イ）について，それらが生み出す面白さなどと関わらせて気付くこと。
（ア）声や身の回りの様々な音の特徴
（イ）音やフレーズのつなげ方の特徴
ウ　発想を生かした表現や，思いに合った表現をするために必要な次の（ア）及び（イ）の技能を身に付けること。
（ア）設定した条件に基づいて，即興的に音を選んだりつなげたりして表現する技能
（イ）音楽の仕組みを用いて，簡単な音楽をつくる技能
B　鑑　賞
(1) 鑑賞の活動を通して，次の事項を身に付けることができるよう指導する。
ア　鑑賞についての知識を得たり生かしたりしな

がら，曲や演奏の楽しさを見いだし，曲全体を味わって聴くこと。

イ　曲想と音楽の構造との関わりについて気付くこと。

〔共通事項〕

(1)　「Ａ表現」及び「Ｂ鑑賞」の指導を通して，次の事項を身に付けることができるよう指導する。

ア　音楽を形づくっている要素を聴き取り，それらの働きが生み出すよさや面白さ，美しさを感じ取りながら，聴き取ったことと感じ取ったこととの関わりについて考えること。

イ　音楽を形づくっている要素及びそれらに関わる身近な音符，休符，記号や用語について，音楽における働きと関わらせて理解すること。

3　内容の取扱い

(1)　歌唱教材は次に示すものを取り扱う。

ア　主となる歌唱教材については，各学年ともイの共通教材を含めて，斉唱及び輪唱で歌う曲

イ　共通教材

〔第１学年〕

「うみ」（文部省唱歌）林柳波作詞　井上武士作曲

「かたつむり」（文部省唱歌）

「日のまる」（文部省唱歌）高野辰之作詞　岡野貞一作曲

「ひらいたひらいた」（わらべうた）

〔第２学年〕

「かくれんぼ」（文部省唱歌）林柳波作詞　下総皖一作曲

「春がきた」（文部省唱歌）高野辰之作詞　岡野貞一作曲

「虫のこえ」（文部省唱歌）

「夕やけこやけ」中村雨紅作詞　草川信作曲

(2)　主となる器楽教材については，既習の歌唱教材を含め，主旋律に簡単なリズム伴奏や低声部などを加えた曲を取り扱う。

(3)　鑑賞教材は次に示すものを取り扱う。

ア　我が国及び諸外国のわらべうたや遊びうた，行進曲や踊りの音楽など体を動かすことの快さを感じ取りやすい音楽，日常の生活に関連して情景を思い浮かべやすい音楽など，いろいろな種類の曲

イ　音楽を形づくっている要素の働きを感じ取りやすく，親しみやすい曲

ウ　楽器の音色や人の声の特徴を捉えやすく親しみやすい，いろいろな演奏形態による曲

〔第３学年及び第４学年〕

1　目　標

(1)　曲想と音楽の構造などとの関わりについて気付くとともに，表したい音楽表現をするために必要な歌唱，器楽，音楽づくりの技能を身に付けるようにする。

(2)　音楽表現を考えて表現に対する思いや意図をもつことや，曲や演奏のよさなどを見いだしながら音楽を味わって聴くことができるようにする。

(3)　進んで音楽に関わり，協働して音楽活動をする楽しさを感じながら，様々な音楽に親しむとともに，音楽経験を生かして生活を明るく潤いのあるものにしようとする態度を養う。

2　内　容

Ａ　表現

(1)　歌唱の活動を通して，次の事項を身に付けることができるよう指導する。

ア　歌唱表現についての知識や技能を得たり生かしたりしながら，曲の特徴を捉えた表現を工夫し，どのように歌うかについて思いや意図をもつこと。

イ　曲想と音楽の構造や歌詞の内容との関わりについて気付くこと。

ウ　思いや意図に合った表現をするために必要な次の（ア）から（ウ）までの技能を身に付けること。

（ア）範唱を聴いたり，ハ長調の楽譜を見たりして歌う技能

（イ）呼吸及び発音の仕方に気を付けて，自然で無理のない歌い方で歌う技能

（ウ）互いの歌声や副次的な旋律，伴奏を聴いて，声を合わせて歌う技能

(2)　器楽の活動を通して，次の事項を身に付けることができるよう指導する。

ア　器楽表現についての知識や技能を得たり生かしたりしながら，曲の特徴を捉えた表現を工夫し，どのように演奏するかについて思いや意図をもつこと。

イ　次の（ア）及び（イ）について気付くこと。

（ア）曲想と音楽の構造との関わり

（イ）楽器の音色や響きと演奏の仕方との関わり

ウ　思いや意図に合った表現をするために必要な次の（ア）から（ウ）までの技能を身に付けること。

（ア）範奏を聴いたり，ハ長調の楽譜を見たりして演奏する技能

（イ）音色や響きに気を付けて，旋律楽器及び打

楽器を演奏する技能

（ウ）互いの楽器の音や副次的な旋律，伴奏を聴いて，音を合わせて演奏する技能

（3）音楽づくりの活動を通して，次の事項を身に付けることができるよう指導する。

ア　音楽づくりについての知識や技能を得たり生かしたりしながら，次の（ア）及び（イ）をできるようにすること。

（ア）即興的に表現することを通して，音楽づくりの発想を得ること。

（イ）音を音楽へと構成することを通して，どのようにまとまりを意識した音楽をつくるかについて思いや意図をもつこと。

イ　次の（ア）及び（イ）について，それらが生み出すよさや面白さなどと関わらせて気付くこと。

（ア）いろいろな音の響きやそれらの組合せの特徴

（イ）音やフレーズのつなげ方や重ね方の特徴

ウ　発想を生かした表現や，思いや意図に合った表現をするために必要な次の（ア）及び（イ）の技能を身に付けること。

（ア）設定した条件に基づいて，即興的に音を選択したり組み合わせたりして表現する技能

（イ）音楽の仕組みを用いて，音楽をつくる技能

B　鑑賞

（1）鑑賞の活動を通して，次の事項を身に付けることができるよう指導する。

ア　鑑賞についての知識を得たり生かしたりしながら，曲や演奏のよさなどを見いだし，曲全体を味わって聴くこと。

イ　曲想及びその変化と，音楽の構造との関わりについて気付くこと。

〔共通事項〕

（1）「A表現」及び「B鑑賞」の指導を通して，次の事項を身に付けることができるよう指導する。

ア　音楽を形づくっている要素を聴き取り，それらの働きが生み出すよさや面白さ，美しさを感じ取りながら，聴き取ったことと感じ取ったこととの関わりについて考えること。

イ　音楽を形づくっている要素及びそれらに関わる音符，休符，記号や用語について，音楽における働きと関わらせて理解すること。

3　内容の取扱い

（1）歌唱教材は次に示すものを取り扱う。

ア　主となる歌唱教材については，各学年ともイの共通教材を含めて，斉唱及び簡単な合唱で歌

う曲

イ　共通教材

〔第3学年〕

「うさぎ」（日本古謡）

「茶つみ」（文部省唱歌）

「春の小川」（文部省唱歌）高野辰之作詞　岡野貞一作

「ふじ山」（文部省唱歌）巌谷小波作詞

〔第4学年〕

「さくらさくら」（日本古謡）

「とんび」葛原しげる作詞梁田貞作曲

「まきばの朝」（文部省唱歌）船橋栄吉作曲

「もみじ」（文部省唱歌）高野辰之作詞岡野貞一作曲

（2）主となる器楽教材については，既習の歌唱教材を含め，簡単な重奏や合奏などの曲を取り扱う。

（3）鑑賞教材は次に示すものを取り扱う。

ア　和楽器の音楽を含めた我が国の音楽，郷土の音楽，諸外国に伝わる民謡など生活との関わりを捉えやすい音楽，劇の音楽，人々に長く親しまれている音楽など，いろいろな種類の曲

イ　音楽を形づくっている要素の働きを感じ取りやすく，聴く楽しさを得やすい曲

ウ　楽器や人の声による演奏表現の違いを聴き取りやすい，独奏，重奏，独唱，重唱を含めたいろいろな演奏形態による曲

〔第5学年及び第6学年〕

1　目標

（1）曲想と音楽の構造などとの関わりについて理解するとともに，表したい音楽表現をするために必要な歌唱，器楽，音楽づくりの技能を身に付けるようにする。

（2）音楽表現を考えて表現に対する思いや意図をもつことや，曲や演奏のよさなどを見いだしながら音楽を味わって聴くことができるようにする。

（3）主体的に音楽に関わり，協働して音楽活動をする楽しさを味わいながら，様々な音楽に親しむとともに，音楽経験を生かして生活を明るく潤いのあるものにしようとする態度を養う。

2　内容

A　表現

（1）歌唱の活動を通して，次の事項を身に付けることができるよう指導する。

ア　歌唱表現についての知識や技能を得たり生かしたりしながら，曲の特徴にふさわしい表現を

工夫し，どのように歌うかについて思いや意図
をもつこと。
イ　曲想と音楽の構造や歌詞の内容との関わりに
ついて理解すること。
ウ　思いや意図に合った表現をするために必要な
次の（ア）から（ウ）までの技能を身に付ける
こと。
（ア）範唱を聴いたり，ハ長調及びイ短調の楽譜
を見たりして歌う技能
（イ）呼吸及び発音の仕方に気を付けて，自然で
無理のない，響きのある歌い方で歌う技能
（ウ）各声部の歌声や全体の響き，伴奏を聴いて，
声を合わせて歌う技能
（2）器楽の活動を通して，次の事項を身に付ける
ことができるよう指導する。
ア　器楽表現についての知識や技能を得たり生か
したりしながら，曲の特徴にふさわしい表現を
工夫し，どのように演奏するかについて思いや
意図をもつこと。
イ　次の（ア）及び（イ）について理解すること。
（ア）曲想と音楽の構造との関わり
（イ）多様な楽器の音色や響きと演奏の仕方との
関わり
ウ　思いや意図に合った表現をするために必要な
次の（ア）から（ウ）までの技能を身に付ける
こと。
（ア）範奏を聴いたり，ハ長調及びイ短調の楽譜
を見たりして演奏する技能
（イ）音色や響きに気を付けて，旋律楽器及び打
楽器を演奏する技能
（ウ）各声部の楽器の音や全体の響き，伴奏を聴
いて，音を合わせて演奏する技能
（3）音楽づくりの活動を通して，次の事項を身に
付けることができるよう指導する。
ア　音楽づくりについての知識や技能を得たり生
かしたりしながら，次の（ア）及び（イ）をで
きるようにすること。
（ア）即興的に表現することを通して，音楽づく
りの様々な発想を得ること。
（イ）音を音楽へと構成することを通して，どの
ように全体のまとまりを意識した音楽をつくる
かについて思いや意図をもつこと。
イ　次の（ア）及び（イ）について，それらが生
み出すよさや面白さなどと関わらせて理解する
こと。
（ア）いろいろな音の響きやそれらの組合せの特
徴
（イ）音やフレーズのつなげ方や重ね方の特徴

ウ　発想を生かした表現や，思いや意図に合った
表現をするために必要な次の（ア）及び（イ）
の技能を身に付けること。
（ア）設定した条件に基づいて，即興的に音を選
択したり組み合わせたりして表現する技能
（イ）音楽の仕組みを用いて，音楽をつくる技能
Ｂ　鑑賞
（1）鑑賞の活動を通して，次の事項を身に付ける
ことができるよう指導する。
ア　鑑賞についての知識を得たり生かしたりしな
がら，曲や演奏のよさなどを見いだし，曲全体
を味わって聴くこと。
イ　曲想及びその変化と，音楽の構造との関わり
について理解すること。
〔共通事項〕
（1）「Ａ表現」及び「Ｂ鑑賞」の指導を通して，
次の事項を身に付けることができるよう指導す
る。
ア　音楽を形づくっている要素を聴き取り，それ
らの働きが生み出すよさや面白さ，美しさを感
じ取りながら，聴き取ったことと感じ取ったこ
ととの関わりについて考えること。
イ　音楽を形づくっている要素及びそれらに関わ
る音符，休符，記号や用語について，音楽にお
ける働きと関わらせて理解すること。
3　内容の取扱い
（1）歌唱教材は次に示すものを取り扱う。
ア　主となる歌唱教材については，各学年ともイ
の共通教材の中の3曲を含めて，斉唱及び合唱
で歌う曲
イ　共通教材
〔第5学年〕
「こいのぼり」（文部省唱歌）
「子もり歌」（日本古謡）
「スキーの歌」（文部省唱歌）林柳波作詞　橋本国
彦作曲
「冬げしき」（文部省唱歌）
〔第6学年〕
「越天楽今様（歌詞は第2節まで）」（日本古謡）
慈鎮和尚作歌
「おぼろ月夜」（文部省唱歌）高野辰之作詞　岡野
貞一作曲
「ふるさと」（文部省唱歌）高野辰之作詞　岡野貞
一作曲
「われは海の子（歌詞は第3節まで）」（文部省唱歌）
（2）主となる器楽教材については，楽器の演奏効
果を考慮し，簡単な重奏や合奏などの曲を取り
扱う。

(3) 鑑賞教材は次に示すものを取り扱う。

ア　和楽器の音楽を含めた我が国の音楽や諸外国の音楽など文化との関わりを捉えやすい音楽，人々に長く親しまれている音楽など，いろいろな種類の曲

イ　音楽を形づくっている要素の働きを感じ取りやすく，聴く喜びを深めやすい曲

ウ　楽器の音や人の声が重なり合う響きを味わうことができる，合奏，合唱を含めたいろいろな演奏形態による曲

第3　指導計画の作成と内容の取扱い

1　指導計画の作成に当たっては，次の事項に配慮するものとする。

(1) 題材など内容や時間のまとまりを見通して，その中で育む資質・能力の育成に向けて，児童の主体的・対話的で深い学びの実現を図るようにすること。その際，音楽的な見方・考え方を働かせ，他者と協働しながら，音楽表現を生み出したり音楽を聴いてそのよさなどを見いだしたりするなど，思考，判断し，表現する一連の過程を大切にした学習の充実を図ること。

(2) 第2の各学年の内容の「A表現」の (1)，(2) 及び (3) の指導については，ア，イ及びウの各事項を，「B鑑賞」の (1) の指導については，ア及びイの各事項を適切に関連させて指導すること。

(3) 第2の各学年の内容の〔共通事項〕は，表現及び鑑賞の学習において共通に必要となる資質・能力であり，「A表現」及び「B鑑賞」の指導と併せて，十分な指導が行われるよう工夫すること。

(4) 第2の各学年の内容の「A表現」の (1)，(2) 及び (3) 並びに「B鑑賞」の (1) の指導については，適宜，〔共通事項〕を要として各領域や分野の関連を図るようにすること。

(5) 国歌「君が代」は，いずれの学年においても歌えるよう指導すること。

(6) 低学年においては，第1章総則の第2の4の (1) を踏まえ，他教科等との関連を積極的に図り，指導の効果を高めるようにするとともに，幼稚園教育要領等に示す幼児期の終わりまでに育ってほしい姿との関連を考慮すること。特に，小学校入学当初においては，生活科を中心とした合科的・関連的な指導や，弾力的な時間割の設定を行うなどの工夫をすること。

(7) 障害のある児童などについては，学習活動を行う場合に生じる困難さに応じた指導内容や指導方法の工夫を計画的，組織的に行うこと。

(8) 第1章総則の第1の2の (2) に示す道徳教育の目標に基づき，道徳科などとの関連を考慮しながら，第3章特別の教科道徳の第2に示す内容について，音楽科の特質に応じて適切な指導をすること。

2　第2の内容の取扱いについては，次の事項に配慮するものとする。

(1) 各学年の「A表現」及び「B鑑賞」の指導に当たっては，次のとおり取り扱うこと。

ア　音楽によって喚起されたイメージや感情，音楽表現に対する思いや意図，音楽を聴いて感じ取ったことや想像したことなどを伝え合い共感するなど，音や音楽及び言葉によるコミュニケーションを図り，音楽科の特質に応じた言語活動を適切に位置付けられるよう指導を工夫すること。

イ　音楽との一体感を味わい，想像力を働かせて音楽と関わることができるよう，指導のねらいに即して体を動かす活動を取り入れること。

ウ　児童が様々な感覚を働かせて音楽への理解を深めたり，主体的に学習に取り組んだりすることができるようにするため，コンピュータや教育機器を効果的に活用できるよう指導を工夫すること。

エ　児童が学校内及び公共施設などの学校外における音楽活動とのつながりを意識できるようにするなど，児童や学校，地域の実態に応じ，生活や社会の中の音や音楽と主体的に関わっていくことができるよう配慮すること。

オ　表現したり鑑賞したりする多くの曲について，それらを創作した著作者がいることに気付き，学習した曲や自分たちのつくった曲を大切にする態度を養うようにするとともに，それらの著作者の創造性を尊重する意識をもてるようにすること。また，このことが，音楽文化の継承，発展，創造を支えていることについて理解する素地となるよう配慮すること。

(2) 和音の指導に当たっては，合唱や合奏などの活動を通して和音のもつ表情を感じ取ることができるようにすること。また，長調及び短調の曲においては，Ⅰ，Ⅳ，Ⅴ及びⅤ7などの和音を中心に指導すること。

(3) 我が国や郷土の音楽の指導に当たっては，そのよさなどを感じ取って表現したり鑑賞したりできるよう，音源や楽譜等の示し方，伴奏の仕方，曲に合った歌い方や楽器の演奏の仕方などの指導方法を工夫すること。

(4) 各学年の「A表現」の (1) の歌唱の指導に当たっては，次のとおり取り扱うこと。

ア　歌唱教材については，我が国や郷土の音楽に愛着がもてるよう，共通教材のほか，長い間親しまれてきた唱歌，それぞれの地方に伝承されているわらべうたや民謡など日本のうたを含めて取り上げるようにすること。

イ　相対的な音程感覚を育てるために，適宜，移動ド唱法を用いること。

ウ　変声以前から自分の声の特徴に関心をもたせるとともに，変声期の児童に対して適切に配慮すること。

(5) 各学年の「A表現」の (2) の楽器については，次のとおり取り扱うこと。

ア　各学年で取り上げる打楽器は，木琴，鉄琴，和楽器，諸外国に伝わる様々な楽器を含めて，演奏の効果，児童や学校の実態を考慮して選択すること。

イ　第1学年及び第2学年で取り上げる旋律楽器は，オルガン，鍵盤ハーモニカなどの中から児童や学校の実態を考慮して選択すること。

ウ　第3学年及び第4学年で取り上げる旋律楽器は，既習の楽器を含めて，リコーダーや鍵盤楽器，和楽器などの中から児童や学校の実態を考慮して選択すること。

エ　第5学年及び第6学年で取り上げる旋律楽器は，既習の楽器を含めて，電子楽器，和楽器，諸外国に伝わる楽器などの中から児童や学校の実態を考慮して選択すること。

オ　合奏で扱う楽器については，各声部の役割を生かした演奏ができるよう，楽器の特性を生かして選択すること。

(6) 各学年の「A表現」の (3) の音楽づくりの指導に当たっては，次のとおり取り扱うこと。

ア　音遊びや即興的な表現では，身近なものから多様な音を探したり，リズムや旋律を模倣したりして，音楽づくりのための発想を得ることができるよう指導すること。その際，適切な条件を設定するなど，児童が無理なく音を選択したり組み合わせたりすることができるよう指導を工夫すること。

イ　どのような音楽を，どのようにしてつくるかなどについて，児童の実態に応じて具体的な例を示しながら指導するなど，見通しをもって音楽づくりの活動ができるよう指導を工夫すること。

ウ　つくった音楽については，指導のねらいに即し，必要に応じて作品を記録させること。作品を記録する方法については，図や絵によるもの，五線譜など柔軟に指導すること。

エ　拍のないリズム，我が国の音楽に使われている音階や調性にとらわれない音階などを児童の実態に応じて取り上げるようにすること。

(7) 各学年の「B鑑賞」の指導に当たっては，言葉などで表す活動を取り入れ，曲想と音楽の構造との関わりについて気付いたり理解したり，曲や演奏の楽しさやよさなどを見いだしたりすることができるよう指導を工夫すること。

(8) 各学年の〔共通事項〕に示す「音楽を形づくっている要素」については，児童の発達の段階や指導のねらいに応じて，次のア及びイから適切に選択したり関連付けたりして指導すること。

ア　音楽を特徴付けている要素

音色，リズム，速度，旋律，強弱，音の重なり，和音の響き，音階，調，拍，フレーズなど

イ　音楽の仕組み

反復，呼びかけとこたえ，変化，音楽の縦と横との関係など

(9) 各学年の〔共通事項〕の (1) のイに示す「音符，休符，記号や用語」については，児童の学習状況を考慮して，次に示すものを音楽における働きと関わらせて理解し，活用できるよう取り扱うこと。

　　拍　拍子　間　序破急　フレーズ　音階　調　和音　動機　Andante　Moderato　Allegro　rit.　a tempo　accel.　legato　*pp*　*ff*　dim.　D.C.　D.S.

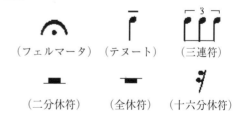

（フェルマータ）　（テヌート）　（三連符）

（二分休符）　（全休符）　（十六分休符）

教材曲集　歌いだし　さくいん

企画・構成 井 口　　太・水 﨑　　誠

執 筆 分 担

東 京 学 芸 大 学　小 川 博 久　Ⅰ－1

東 京 学 芸 大 学　井 口　　太　Ⅰ－2(6)，Ⅱ－1，Ⅱ－3，4

東 京 学 芸 大 学　水 﨑　　誠　Ⅰ－2(1)(2)(3)(4)(5)，Ⅰ－3，4，Ⅱ－2(3)

相 模 女 子 大 学　渡 邊 佐恵子　Ⅱ－2(1)

國 學 院 大 學　　中 野 圭 祐　Ⅱ－2(2)

元 帝 京 平 成 大 学　降 矢 美彌子　Ⅱ－5

東 京 福 祉 大 学　福 嶋 省 吾　Ⅱ－6

元 文 教 大 学　　島 崎 篤 子　Ⅱ－7

元鶴見大学短期大学部　荒 木 紫 乃　Ⅲ－1

元練馬区立小竹小学校　伊 原 福 富　Ⅲ－2

元 埼 玉 学 園 大 学　笠 井 かほる　Ⅲ－3

挿　　　　　絵　大 川 真 理　p.1，7，33，79，197 他

あとがき

　幼児教育という仕事は総合的なものである。そこでの幼児の発達もまた，総合的である。それは非常に多面的であり，そこに多くの要素が複雑に関わり合っているからである。しかし，総合的だと思って全体を見ているつもりでも，何かを見落とすことや，的確な判断を誤ることもある。そのような幼児の発達を分析的に見ていこうとする，いくつかの視点として領域が示されているが，分析を通して得られたことは，再び総合的なものに戻して保育を全体的にとらえる必要があるだろう。保育の充実なくして，音楽的指導だけが良くなることなどは考えられない。その意味で保育者・教員養成学校の学生であれば，十分に幼児教育の基本を学んで欲しい。

　本書に示された各氏の研究成果は，幼児の音楽的な表現を引き出そうとする際の有効な背景として，必要な知識・技能である。ただし，すべての保育者が，本書の内容を完全に取り込まなければ，幼児の指導に当たれないとは考えていない。読者のそれぞれの興味と能力に応じて，自分に必要なものは何か，どの考え方を取り入れてみたいか，どの部分が自分に欠けたところを補うのに有効であるかを考えて欲しい。勉強の段階で，いちおう全体を理解しながら，実際に幼児と生活をともにするとき，必要に応じて見返して欲しいと考えるのである。

　『表現』という領域は，音楽だとか美術だとかといった，大人の芸術表現の分野を易しくして幼児に降ろしてきたものではない。しかし，その指導をしようとする人には，子どもの表現のさまざまな内容を見て取って，必要にして有効な援助をすることが求められる。その「必要」であるかどうか，また「有効」であるかどうかを決定するのは，幼児に対する深い愛情と理解，それに保育者の豊かな感性にかかわっているのである。

　本書は，現場において保育の実際に当たっている保育者の方々にとっても，そのような意味で，参考にしていただけるところが大きいと考えている。

　よりよい幼児教育を考えようとする方々にとって，本書が何らかの形で貢献できれば，これに過ぎることはない。

井 口　　太

改訂版 最新・幼児の音楽教育
幼児教育教員・保育士養成のための音楽的表現の指導

2018年1月31日　第1版発行
2022年1月31日　第5刷発行
2024年1月31日　改訂第1版発行

編著者 井口　太
水﨑　誠
発行者 小川洋一郎
発行所 株式会社 朝日出版社
〒101－0065
東京都千代田区西神田3-3-5
電話(03)3239-0271
FAX(03)3239-0479
振替口座　00140-2-46008

日本音楽著作権協会(出)許諾
第0901959-305号

ISBN978-4-255-15725-2 C1073

乱丁・落丁がありましたらお取替えいたします。　印刷・製本・誠宏印刷